上海黄金交易所博士后工作站文库

金融机构薪酬监管研究

戴新竹 著

责任编辑：黄海清
责任校对：潘　洁
责任印制：张也男

图书在版编目（CIP）数据

金融机构薪酬监管研究/戴新竹著.—北京：中国金融出版社，2019.1
（上海黄金交易所博士后工作站文库）
ISBN 978-7-5049-9757-9

Ⅰ.①金…　Ⅱ.①戴…　Ⅲ.①金融机构—工资管理—研究　Ⅳ.①F830.2

中国版本图书馆CIP数据核字（2018）第216017号

金融机构薪酬监管研究
Jinrong Jigou Xinchou Jianguan Yanjiu

出版发行　中国金融出版社
社址　北京市丰台区益泽路2号
市场开发部　（010）63266347，63805472，63439533（传真）
网上书店　http://www.chinafph.com
　　　　　（010）63286832，63365686（传真）
读者服务部　（010）66070833，62568380
邮编　100071
经销　新华书店
印刷　保利达印务有限公司
尺寸　169毫米×239毫米
印张　11.5
字数　151千
版次　2019年1月第1版
印次　2019年1月第1次印刷
定价　36.00元
ISBN 978-7-5049-9757-9
如出现印装错误本社负责调换　联系电话（010）63263947

《上海黄金交易所博士后工作站文库》
编委会

主　编　焦瑾璞

编　委　王振营　沈　刚　韩　风
　　　　宋钰勤　顾文硕　庄　晓
　　　　张爱农　陆雄文　孙　谦

总序

　　黄金，作为国际金融市场上成熟的投资品种，已被全世界众多机构和个人投资者所认可。在我国，黄金作为消费品历史悠久，但自新中国成立以来，其生产和流通一直被纳入极其严格的计划管理体制。1950年4月，中国人民银行制定下发的《金银管理暂行办法草案》中明确规定国内的金银买卖统一由中国人民银行经营管理。1983年6月15日，国务院发布《中华人民共和国金银管理条例》，规定国家对金银实行统一管理、统购统配的政策；中华人民共和国境内的机关、部队、团体、学校，国营企业、事业单位，城乡集体经济组织的一切金银的收入和支出，都纳入国家金银收支计划；在中华人民共和国境内，一切单位和个人不得计价使用金银，禁止私自买卖和借贷抵押金银。随着社会主义市场经济体制的逐步建立和金融、外汇体制改革的不断深入，这种严格的计划管理体制越来越不适应经济发展的要求。2001年4月，中国人民银行宣布取消黄金统购统配的计划管理体制，在上海组建黄金交易所。2002年10月30日，上海黄金交易所经国务院批准正式成立，黄金管理体制改革向市场化的道路迈出新步伐。

　　自成立以来，上海黄金交易所在十六年里实现了跨越式发展，目前已成为拥有主板及国际板两大业务板块，交易定价、清算结算、仓储物流和登记托管四大中心，竞价、定价、询价、报价和租借五大市场的全球最大场内现货黄金交易所。交易所已成为我国金融市场不可或缺的重要组成部分。尤其近年来，上金所不断拓展渠道、加强市场推广培育，各项业务快速发展，产品结构日趋均衡，市场服务功能逐步增强，在推动中国黄金市场服务实体经济、实现财富增长和助力人民币"走出去"等方面发挥了积极作用。

百舸争流，千帆竞发。上金所在历史的新征程中提出了建设国际一流的综合性黄金交易所，在未来国际化过程中，上金所作为全国黄金市场的核心枢纽，将继续把握主动，统筹好"市场化、国际化、集团化"的发展方针，实现黄金市场从商品交易为主向商品交易和金融交易并重转变；由现货交易为主向现货与衍生品双功能为主转变；由国内市场为主向国内市场和国际市场共同发展转变。上金所积极营造一流的企业文化，构建各类市场主体深度参与、开放水平不断提高、要素有序流动、资源高效配置、具有活力和竞争力的市场体系，实现业务国际化和交易全球化，推动黄金市场创新、开放、共享和平衡健康发展。

为了更好地服务黄金产业及国家的经济金融发展大局，为中国金融市场的改革开放、人民币国际化深入推进和国家的"一带一路"倡议贡献力量，上海黄金交易所与复旦大学根据全国博管委《博士后管理工作规定》于2016年协商设立上海黄金交易所博士后科研工作站，延揽有志之士对上金所发展中面临的重大问题开展战略性、前瞻性研究，也为中国黄金市场进一步发展培养、储备高级人才。

工作站依托复旦大学科研流动站丰富多样的理论研究资源，立足上金所市场实践，为博士后研究人员提供全面了解中国金融市场、深刻理解中国黄金市场以及深入研究黄金市场前沿问题的机会，吸引国内外一流人才参与中国黄金市场建设，打造服务交易所与中国黄金市场未来发展的人才基地，培养素质全面，拥有国际化视野的高端人才。

为了展示和分享在站博士后的科研成果，我们推出《上海黄金交易所博士后文库》丛书，编辑出版上海黄金交易所博士后的学术专著，涉及各金融市场要素如证券、期货、外汇、贵金属以及法律、计算机、信息工程等专业领域。丛书涵盖人民币国际化与中国黄金市场发展、黄金定价机制问题、黄金市场风险管理、黄金市场参与者交易行为研究、金融市场创新与投资者保护、金融市场基础设施建设、金融机构公司治理问题研究、中国黄金市场法制体系建设、金融科技 (Fintech) 与黄金市场发展、金融市场衍生品和交易模式创新以及改革开放背景下金融市场全球化发展战略等重大研究课题，旨在为黄金市场、金融市场的研究者和工作者提供交流平台，以阐发观点、启迪思想、开拓创新，为黄金市场、金融市场的建设提供有益的理论借鉴。

我们期待丛书的出版能够引起社会各方面的广泛关注，对我国黄金市场和金融市场的发展起到推动和促进作用。丛书的编写工作难免有不周之处，还望海内外同仁同行批评指正，不胜感激之至。

前言

  2008年国际金融危机爆发后,华尔街频发的高管薪酬丑闻引发了全球普遍关注,金融机构薪酬激励机制的有效性遭到公众广泛质疑。随着国内对金融业的关注度和热情的增加以及网络传媒的快速发展,公众获取金融业高管薪酬信息渠道透明度也相应提高,金融机构高管天价薪酬陆续被曝光。国内金融行业高管薪酬问题的升级引来社会公众的质疑与政府的关注。我国金融业发展和改革"十二五"规划中也着重强调了要完善金融人才服务和评价体系,构建科学合理的金融业薪酬体系,完善激励约束机制。在国际规则影响下,从2009年到2015年,我国各监管机构陆续出台一系列相关法律规范,以约束金融业薪酬激励机制。该书以此为契机,从防范系统性风险角度出发,研究金融机构薪酬激励机制形成过程中重要相关规则制度,试图在借鉴国际监管规则在域外立法、实践经验的基础上,对完善国内立法提出有益建议。

  薪酬监管绝非利用行政手段限制金融机构高管薪酬数额,薪酬监管是在遵循市场发展规律、鼓励金融创新、尊重人才价值的基础上,通过规范引导金融机构发挥其自主性,制定符合自身稳健发展又不失竞争力的薪酬激励制度。只有结合国内金融发展环境及需求后明确国内监管目的,才能建立适合国情的金融机构薪酬监管框架。需要阐明的是在对高管及本书强调的其他风险承担者的薪酬制定过程中产生了诸多代理问题，从监管角度而言，重点则是解决其与公众利益中间的利益冲突：高管及风险承担者过度风险行为带来的损失最终由纳税人弥补，而其几乎不用为此负责。

本书提出的核心观点是：薪酬设定本应是公司自治的重要内容，运用外部规制手段需要慎之又慎，但当其不恰当的激励机制造成金融机构，乃至整个金融系统安全受到威胁时，对其监管显得十分必要。明确金融机构薪酬监管目标，并非解决薪酬"高"与"低"的问题，而是督促金融机构将高管及其他风险承担者薪酬与机构自身长期风险更加紧密地挂钩，维护金融系统稳健发展。在这一目标的指引下，本书对于监管规则的适用对象、具体内容——包括薪酬决定机制、薪酬具体设计，以及监管手段——信息披露这几方面有了更具针对性的论述。

对于规则适用对象，标准的设定应该取决于金融机构是否具有系统重要性以及是否存在过度激励风险行为的现象，以及适用人员的专业行为对金融机构风险的影响力大小。在薪酬激励制度设计程序中，最大限度地保障制定主体的适格性关系到激励效果的实现，鉴于金融机构的特殊资本结构等特质，股东投票权要想发挥其理想作用，还需要考虑到这一因素。就薪酬结构和具体的金融工具在薪酬发放中的运用而言，应交由更了解自身发展规律与风险状况的金融机构自主设计，但对于符合稳健薪酬原则的基本要求以及明显违背该原则的薪酬发放制度，法律应当明确规定。在计量业绩时，需要考虑到业绩是否经过风险评估以及潜在风险的暴露周期，确保发放薪酬体现出金融机构的真实业绩。追回制度的实施可以起到事后弥补作用，特别当风险出现时。信息披露制度通常被认为是重要且高效的监管方式，但在薪酬领域，需要关注到信息披露可能带来的负面效果，除了透明易懂这些有效信息披露共通要素外，薪酬信息披露更要突出其设计安排与风险挂钩的相关信息。

目录

引言   001
  一、本书写作背景   001
  二、国际监管规则及国内外立法发展   007
  三、研究意义   014
  四、文献综述   015
  五、研究方法   025
  六、可能的贡献与不足   026

第一章　金融机构薪酬监管必要性   028
  第一节　金融危机诱因之一：不当激励机制   028
    一、基于"规模"的薪酬制度加剧次贷危机   029
    二、奖惩失衡及周期过短强化冒险动机   033
  第二节　金融机构激励机制与社会资本理论   036
    一、社会资本对金融发展的意义   036
    二、金融业薪酬体系动摇社会资本核心——信任   037

第三节 现有规则手段的局限
　　——劳动力市场扭曲与公司自治失灵　　041
　一、金融机构公司治理失效　　041
　二、金融业人力资本市场的失灵：声誉惩罚的失效　　045
　三、完善我国薪酬监管内在动因　　046
第四节 金融机构薪酬监管立法目标　　055
　一、明确、法定化的监管目标意义　　055
　二、我国薪酬监管目标探究　　057

第二章 薪酬监管适用对象　　060
第一节 金融机构　　061
　一、域外法律考察——以G20国家为范本　　061
　二、国内相关法律制度安排及缺陷　　066
　三、适用金融机构选择标准：薪酬激励与系统风险　　068
　四、适用金融机构层级：以法人为主　　076
第二节 适用人员　　076
　一、高级管理人员　　078
　二、风险承担者　　080

第三章 金融机构薪酬决定机制　　085
第一节 薪酬制定主体：薪酬委员会　　086
　一、薪酬委员会作用局限性及成因　　086
　二、完善薪酬委员会制度建议　　091
第二节 薪酬顾问　　096
　一、薪酬顾问作用及利益冲突　　097

二、解决之道——《多德—弗兰克法案》借鉴及
　　　　国内薪酬顾问法律规范完善　　098
　第三节　股东咨询性投票制度　　102
　　一、股东咨询性投票制度发展及立法依据　　102
　　二、我国金融机构高管薪酬最终决定权现状及完善　　106

第四章　薪酬设计：与审慎风险行为挂钩　　110

　第一节　事前风险调整：绩效薪酬的风险控制　　110
　　一、薪酬结构及支付方式　　110
　　二、优化绩效评定标准：加入风险因素的模型　　117
　第二节　事后风险调整——美国薪酬追回制度的解读与借鉴　　121
　　一、薪酬追回制度发展及作用原理　　122
　　二、薪酬追回触发条件　　125
　　三、行使薪酬追回权主体　　128
　　四、薪酬追回内容：对激励性薪酬的理解　　129
　　五、薪酬追回制度在国内金融领域的运用及完善　　130

第五章　薪酬信息披露　　135

　第一节　薪酬信息披露争议焦点　　136
　　一、薪酬信息披露益处　　136
　　二、反对意见——对过度薪酬信息披露的担忧　　138
　　三、本书观点　　139
　第二节　《巴塞尔协议》的薪酬披露规则解析　　141
　　一、信息披露方法和周期　　142
　　二、信息披露具体项目　　142
　　三、其他说明　　144

第三节 美国金融机构薪酬信息披露规则发展及特点　　145
一、报告可读性的增强　　145
二、注重制定程序　　146
三、强调薪酬与风险　　147
第四节 完善国内金融机构薪酬信息披露规则　　148
一、国内相关法律规定现状及评析　　148
二、对国内金融机构薪酬披露规则的启示　　151

结语　　154

参考文献　　157

后记　　167

引言

一、本书写作背景

2007年美国次贷危机之后，民众对于导致银行破产却依然拿着巨额薪俸的华尔街高管们的愤怒情绪迅速蔓延。金融机构高管薪酬以及各种遣散费与后危机时代的经济萧条、失业率剧增的景象形成了鲜明对比。许多学者将金融危机的根源追溯到不合理的薪酬激励体制，或认为其是罪魁祸首之一。国际重要监管机构陆续出台薪酬监管规范，成为众多国家制定国内法规的范本。监管机构达成的共识是：金融机构薪酬体系强化了风险承担者追求短期利益动机，其过度风险行为引发机构长期风险的集中爆发，对金融危机的产生和发展起到了推波助澜的作用。不仅如此，金融机构薪酬制度带来的直接后果是：纳税人为金融机构的失败埋单，但金融机构的管理者或其他风险承担者却可以"全身而退"，造成资本分配的不平等，引发了社会对金融业的信任危机，动摇了社会资本的根基。

通常而言，高管薪酬问题属于公司治理范畴，即如何有效解决公司在经营过程中，由于所有权和控制权相分离而产生的代理问题，从而实现股东利益的最大化。在金融危机之前，与金融机构激励约束机制相关的法律或是研究重点都在于降低股东与高管之间的代理成本问题。[①] 但研究者往往忽略的一点是，

---

① 建立在委托—代理理论基础之上的公司治理理论要解决的问题就是如何有效设计委托人与代理人之间的契约关系，使代理成本达到最小，股东收益达到最大，我们且将这种公司治理理念称为"股东至上主义"。

就金融机构而言，其利益相关者不止于股东、高管、债权人等，还有公众利益。当金融机构顺利运行时，与公众利益其实并无最直接的关系。当金融机构破产，尤其是系统重要性金融机构面临破产危机时，高管通常不需要承担任何责任（从对被救助金融机构高管离职的薪酬报道中[①]，很难发现他们为此承担了任何风险——即使他们的过度风险行为导致了危机的发生），鉴于有限责任的法律原则，股东的损失也在有限范围，但政府不得不为了保障金融系统的稳定而伸出援手，这些资金则主要来自于公众。由此，当这些利益相关者将决策职能以直接或间接的方式委托给另一利益集团者，代理问题即产生了：当激励高管（即其他风险承担者）进行决策的因素与金融机构所有者及公众利益不一致时，可能会给金融系统稳健运行带来威胁。在此之前，对这无法解释的高薪[②]，几乎所有人都选择视而不见，直到危机发生，公众表达了对华尔街薪酬体系强烈的愤恨后，公司内部治理问题，尤其是激励机制引发的风险暴露才引起监管当局关注。

（一）薪酬制度加剧金融机构代理问题之逆向选择

"逆向选择这一概念最初来源于保险市场。在保险市场上，逆向选择是指由于投保人和承保人信息的不对称而导致的在保险合同中不利于承保人一方的情况。"[③] 简言之，投保人对个体的风险状况比承保人更加了解，尽管承保人对整体的风险状况会有更精准的把握。因此对于某项具体的保险项目而言，自身风险大的人往往会选择投保。对于金融机构而言，以银行为例，通常而言，

[①] 不胜枚举的例子提供了薪酬制度在危机中负有不容回避的责任，仅以贝尔斯登和雷曼兄弟为例，两家公司的高级执行经理人从2000年到2008年分别获得了累计14亿美元和10亿美元的薪酬支付，尽管因为机构倒闭而"损失"了账面的股票权益，但其在不断推动短期高风险、高回报的项目中已经赚得盆丰钵满了。

[②] 后文会详细解释，高于其他行业从业人员的幅度仅用教育水平、不同领域工作的复杂度差异及失去工作的风险不同等因素无法解释金融行业远高于其他行业的薪酬。

[③] 陆阳、庄新田：《金融企业激励与风险管理》，88页，北京，中国经济出版社，2012。

企业需要资金时，如果是前景好、回报高的项目，市场通常会给出比银行更多更有效率的资金支持。对于银行而言，同样喜欢追求风险低、效益好的项目，但往往银行无法了解项目具体信息，这时银行的债权人或是代理人（项目资金需求者）即有足够的动力提供虚假信息，以获得银行的贷款。在这样信息不对称的情景下，处于劣势的银行则需要通过一系列措施来平衡，最常见的方式即审核。金融机构在适当成本内对企业进行审核和评估，而具体到工作落实时，金融机构则又需要通过薪酬激励银行高管或是其他相关人员尽职做好调查。但实际情况是，这种薪酬激励并不能促使审核工作达到预期效果——薪酬与业务规模挂钩，但风险的暴露则是一个长期的过程，无法体现在激励机制中。因而，高管及相关人员并无足够的动力去审核代理人项目的真实风险。

（二）源于道德风险的金融机构薪酬激励问题

金融机构运行中存在不同类型的道德风险[①]，由于国家提供了隐性担保（特别是大型金融机构），这种风险体现在不同的代理人的行为中。对于高管或是其他风险承担者而言，现有薪酬体制使其过度追求公司每年甚至每季度盈利增长，却忽视了与之相关的产品风险和系统风险。之所以选择性忽视风险，其最大的原因在于当风险暴露时，为之负责的并不是制造风险的人，而是国家提供的担保。这一现象在国内更加明显。除此之外，鉴于股东的责任有限承担，部分股东也存在着短视行为，对于此类道德风险，监管机构同样不可忽视。

（三）如何通过具体监管措施解决过度激励问题

金融监管的首要目标在于减少金融机构风险带来的社会成本，其方法之一

---

① 即"从事经济活动的人在最大限度地增进自身效用的同时作出不利于他人的行动"。这个术语已经延伸到现实经济生活中的诸多领域，泛指市场交易中的一方难以观测或监督另一方的行动而导致的风险。在薪酬管理活动中，道德风险是指公司给予员工与其能力相当的薪酬，而员工在劳动过程中自觉或不自觉地采取消极工作态度或从事有利于自身的行为，使得公司利益受到损害。

即是将市场参与者所获得的利益与由此产生的风险成本联系起来。在实现这一任务中，金融监管机构代表了广大公众利益。①

讨论通过监管的前提是需要足够理论和实践经验基础支持监管是否有必要，市场调节为何失灵，公司内部风险管理机制为何仍然阻止不了过度风险行为。一言蔽之，采取监管措施的当局通常认为：薪酬体系刺激高管及其他风险承担者过度冒险，引发机构长期风险的集中爆发，对金融危机的产生和发展有着推波助澜的作用，但仅此尚不能说明薪酬激励体系与金融稳定之间存在必然联系，也不能说明薪酬监管的必要性。本书即从探讨薪酬监管的合理性基础开始，论证其监管的必要性，也为全书奠定理论基础。在此基础上，说明为何通过市场自由竞争调节和公司自治不能解决金融机构薪酬不合理这一问题，为监管措施限制公司薪酬制定程序、方式等提供其合法性基础。除此之外，我国金融市场与欧美金融市场都有所不同，包括金融机构类型、发展阶段，还是风险程度等，因此是否需要遵循同样的国际规则还需要进一步讨论。

具体到对不同层面出台的薪酬监管框架内容的解读和实施情况的考察来看，又存在下列问题：

首先，薪酬监管的目标及适用对象的范围。从我国现有立法来看，不同监管机构之间的监管目标不一致，即使是同样部门设定的薪酬监管目标也在变化。例如财政部在2009年初发布的《关于国有金融机构2008年度高管人员薪酬分配有关问题的通知》是为了在"危机过后背景下，党中央、国务院要求深刻认识国际国内经济形势的严峻性和复杂性，增强危机意识和忧患意识，共克时艰"；财政部2010年发布的《中央金融企业负责人薪酬审核管理办法》则又强调该

---

① Alexander K, Dhumale R and Eatwell J, *Global Governance of Financial Systems: the International Regulation of Systemic Risk*, Oxford University Press, 2006, p.261.

办法是为加强对金融企业的财务监管，建立有效的金融企业负责人激励与约束机制，促进金融企业规范经营、健康发展和国有资产保值增值。因此，确立合理可行的，且具有一定预见性和稳定性的监管目标十分重要。监管目标是评价监管措施是否有效的重要标准，也是界定监管规则适用对象范围的标尺，只有明确统一的监管目标才能解决后续的问题。正是由于对薪酬监管的认识不够深入，我国现有规则中对监管对象的划分出现真空和重叠冲突的问题，导致规则在实践中无法得到很好实施。

在明确监管目标之后，应当考虑的问题是哪些金融机构应当接受薪酬监管，或是接受薪酬监管的金融机构是否应当一视同仁，接受相同的标准？在金融机构内部，除了高管外，"其他对金融机构可能产生实质风险的非高管员工"又应当采取何种标准进行监管？完善我国的薪酬监管框架必须解决的问题即监管范围问题，既要将薪酬监管的风险控制功能发挥到最佳，又不能破坏市场应有的经济规律，干预正常的人才竞争。

其次，监管机构在金融机构具体薪酬设计过程中发挥怎样的约束作用？边界又在何处？这里包括参与设计薪酬的主体要求和程序设置问题。如何保证薪酬委员会、薪酬顾问等的独立性和专业性是从制度上确保薪酬体系监管的一个关键问题，包括对其资质的要求、自身薪酬的制定规则等都应当严格遵守监管要求。如何发挥股东对薪酬体系的积极作用同样值得探讨。现存的状况是金融机构股东对公司治理干预的权利和参与的积极性都十分有限。公司治理中的代理问题在金融机构被复杂化，股东利益、高管利益、薪酬委员会利益、存款人利益，以及金融消费者、普通纳税人的多方利益如何通过金融机构内部的激励体系来协调？具体到薪酬结构，其构成和发放方式应当受到何种约束才能与金融机构未来风险挂钩，包括金融衍生工具在浮动薪酬中运用等。薪酬计量应当充分考虑到公司未来风险已经成为监管者们的共识，但具体到如何将风险和薪酬挂钩是薪酬监管中最难解决的问题。巴塞尔委员会曾专门发布了《薪酬与风险、业绩挂钩方法范围》①，主要内容包括：在计量个人、奖金池的数额时如何与风险、业绩挂钩，延迟支付奖金的方式以及金融机构如何根据自身情况适用巴塞尔委员会提供的原则和方法。但具体到实践中，依然有许多问题亟须解决，例如其中涉及如何在法律框架范围内有效实现中长期激励。以薪酬追回制度为例，是指员工和公司之间签订的合约，在特定的情况下，如由于员工违反内部规定，尤其是涉及风险管理规定造成金融机构显著损失，公司可收回员工薪酬所有权的薪酬安排。但要发挥薪酬追回制度安排的作用，就必须考虑到其实现的途径，诸如是否和其他法律法规相冲突，评判高管或员工行为时具体的标准有哪些，行为与风险之间的关系如何认定，有效期限又应当设定在怎样的范围内比较合理等。

最后，如何保障薪酬监管措施的有效实施。通常而言，信息披露是监管机构对金融机构监管的最直接途径。与其他信息披露有所不同，薪酬信息及激励机制通常是一个企业的机密信息。对于薪酬具体信息的披露可能会与相关法律相冲突，例如对非国有金融机构的员工薪酬的披露可能会触犯公民的隐私权，即使不妨碍其隐私权，对公司治理也会有影响，可能会不利于公司稳定，很多公司不公布员工之间的具体收入，防止互相攀比无法安心工作。学界对此最大的担心是可能会引发行业之间或是同行业内恶性竞争，带来相反的效果。因此哪些信息应该定性、定量地披露是需要探讨的。目前我国对信息披露的要求多以定性的自我评价为主，定量信息的要求较少，可能会影响到监管机构理性的判断。如何破除监管者过分依赖被监管对象的信息，真正站在公众利益的角度履行职责，同样存在薪酬监管这一问题。除了信息披露，如何建立后续的责任承担制度也很关键，特别是在我国目前较低位阶立法的

---

① Basel Committee on Banking Supervision, *Range of Methodologies for Risk and Performance Alignment of Remuneration*, May 2011.

背景下，在现有法律框架内赋予监管机构相应的处罚权力也需要进一步加以探讨。

薪酬监管的目的并不在于直接代替或干涉金融机构形成自己的激励措施，而是意图通过法律手段在这一过程中平衡金融机构各方利益相关者的利益，促使其制定符合金融机构稳健发展的薪酬政策，预防过度风险行为，维护金融系统的稳定。通过薪酬监管框架，可以激励市场参与者在有效行为的方式下正确度量风险，减少社会成本。当然，薪酬监管不能完全解决这一问题，除此之外，就薪酬激励措施而言，还有其他诸如通过征收高管薪酬税等其他方式来调节过度激励问题。

二、国际监管规则及国内外立法发展

现代薪酬理论研究始于19世纪80年代，这一时期论文的研究依赖于公司治理中的"代理问题"广泛传播的大背景。当上市公司所有权与经营控制权分离时，由于股东不能确保经理人行为完全符合其最大利益，由此产生"代理问题"。作为减少偏离股东利益的"代理成本"重要机制——激励机制的设计显得十分重要。这一阶段开始的研究重点在于CEO所得与公司业绩之间关系的不同角度观察分析（Coughlan and Schmidt，1985；Murphy，1985，1986；Jensen and Murphy，1990a；Abowd，1990；Leonard，1990），以及高管们薪酬的评定是否受到市场整体情况和行业的影响（Antle and Smith，1986；Gibbons and Murphy，1990）等。涉及的学科包含管理学、经济学、心理学、金融学、组织管理学、法学等。在当时一系列有影响力的文章中，管理经济学之父的Edward P.Lazear主张强化企业内部的激励机制。其认为在需要创造力的行业，公司内部应增设等级制度，建立好的内部激励机制可达到比不断从外端挖人才更好的效果。Lazear的关于股票期权支付薪酬办法、增加内部等级头衔的建议，建立健全晋升阶梯制度，都是基于这样的理念产生的。在"一阶条件方法"利用数理模型得出最优解的基础上,经济学家 Oliver D. Hart(1983)针对代理问题提出"成本—利益法",把委托人问题分解成代理人采取不同行为时的成本和利益两部分,如此,对于代理人的相应行为,都可以采取最优的薪酬报酬机制。尽管有不同学科和角度的论述,但其重点还是在于用经济学的模型及管理学的理论研究"代理问题",但尚不多见从法律规制的角度讨论薪酬。20世纪 90 年代,上市公司的高管不断攀高的天价薪酬使得这一问题更加备受关注[1]。Murphy 以图表形式统计了 1985—1998 年以薪酬为研究对象的文章数量增长甚至超过了上市公司 CEO 薪酬总额的增长。"安然事件"后,学界则将研究重点转移到如何通过法律监管高管薪酬,从而达到保护投资人利益的目的。安然公司在 2001 年 12 月申请破产保护前的一年时间里,公司向其 144 位高层管理人士发放了约 7.44 亿美元的现金和股票,其中公司前任董事长肯尼思·雷一人就拿走了 1.526 亿美元。2002 年 11 月 1 日安然舞弊行为的策划者,前 CFO 费斯托被联邦大陪审团以 78 项罪名起诉,罪名包括诈骗、洗钱等。[2]安然事件直接导致了美国的《萨班斯—奥克斯利法案》的出台,法案对薪酬追回作了详细规定:要求如果上市公司的行政或财务总监(CEO/CFO)对财务状况误导性陈述导致财务报告不合规,其 12 个月内的激励薪酬可被收回。[3]尽管《萨班斯—奥克斯利法案》介入公司管理领域,对公司内部高管薪酬有所约束,但其重点仍在于使代理关系的滥用最小化。

此后关乎薪酬的讨论集中在以此次危机为背景的金融机构薪酬体系监管问题,重点在于通过监管帮助金融机构建立稳健的薪酬体系,预防其带来的系统性风险,减少风险带来的社会成本。金融机构特殊的风险特质决定了其薪酬

---

[1] Murphy 以图表形式统计了 1985—1998 年以薪酬为研究对象的文章数量增长甚至超过了 CEO 薪酬总额的增长。

[2] 资料来源:维基百科,http://zh.wikipedia.org/wiki/ 安然公司。

[3] SEC304,*Sarbanes-Oxley Act of 2002.*

体系有别于其他公司，金融机构利益相关者对公司治理参与不够充足，机构困境时责任分配机制严重不均衡，现有的相关法律已然不能兼顾这些特殊因素，因此从维护金融稳定、保护更多利益相关者权利的角度去讨论金融机构的薪酬规范问题十分有必要。法律规制薪酬并非危机之后的产物，早期对高管薪酬的规制主要体现为信息披露的要求，如 1934 年美国《证券交易法》（Regulation S-K）要求公司披露表内薪酬信息，包括年度薪酬总额、薪酬激励计划以及具体的股票期权授予的信息等。除了信息披露，对薪酬设定程序与主体也有强制规定。2003 年纽约证券交易所、纳斯达克证券交易所和美国证券交易所共同制定并由美国证券交易委员会批准的上市条件中，也要求 CEO 的薪酬需由多数独立董事组成的董事会或完全由独立董事组成的薪酬委员会确定或提议。不论是信息披露还是对薪酬委员会组成的要求，证券法对上市公司高管薪酬的规制意图通过政府介入信息披露过程，帮助投资者减少交易费用，出发点在于保护投资人，规范有效率的资本市场。但 2007 年危机之后，金融业的薪酬体系暴露了其奖惩严重失衡、脱离银行的可持续发展等一系列对危机推波助澜的弊端，仅靠证券法、公司法等相关规制已不能改变金融业薪酬诸多不合理的因素，更不能保护无辜纳税人的权利。在此背景下，全球范围内针对薪酬监管问题都作出了相应的立法回应。

在对金融危机的反思和各方压力之下，2009 年 G20 伦敦峰会推动了全球金融机构薪酬改革的实质进展，会议达成的《强化金融体系宣言》①除了要求成员国提高银行资本的质和量外，还强调监管机构应通过实施金融稳定论坛②发布的《稳健薪酬实践原则》③（以下简称《原则》）帮助金融机构建立可持

---

① G20, *Declaration on Strengthening the Financial System*, April 2009.
② 金融稳定局（FSF）是金融稳定委员会，即 Financial Stability Board 的前身。FSB 在 2009 年 G20 伦敦峰会后成立制定国际监管标准协调国家间金融监管合作中发挥重要作用。
③ FSF, *Principles for Sound Compensation Practices*, April 2009.

续的稳健薪酬体系。为督促各国更好实施该原则,金融稳定委员会(Financial Stability Board, FSB)颁布《稳健薪酬措施实施标准》[①](以下简称《标准》),细化了各项原则,并在2011年和2012年对成员国实施该标准的情况作了回顾和评估。从2010年起,巴塞尔银行监管委员会(Basel Committee on Banking Supervision, BCBS)在《加强银行公司治理的原则》[②]中再次强调薪酬体系完善是银行公司治理的重要部分。并在上述基础上[③]颁布了一系列有关金融机构薪酬改革的原则和指导,被视作FSB成员国制定自己国内"限薪令"的蓝本,也是国际监管层面上针对薪酬监管的重要原则。FSB持续对成员国推进薪酬监管的进程进行评估并发布报告,基于各国的反馈和经验,2018年3月,FSB发布《稳健薪酬实践原则和执行标准补充指南》,为具有重要性的金融机构优化建立稳健薪酬提供更为详细的思路。[④]

在欧盟层面上,2009年2月以Jacques de Larosière为主席的欧盟高级金融监管专家组在一份针对2007年金融危机后欧盟如何进行监管改革的报告中特别关注了薪酬问题,其中强调薪酬激励应当与股东利益以及金融机构的长期风险合理挂钩,并基于此提出了"金融服务领域的薪酬建议"。[⑤]同年,欧盟委员会在采纳上述建议后于7月提交相应草案,该草案于2010年高票通过并

---

① FSB, *Principles for Sound Compensation Practices Implementation Standards*, September 2009.

② Basel Committee on Banking Supervision, *Principles for Enhancing Corporate Governance*, October 2010, Principle10.

③ 巴塞尔银行监管委员会发布的原则和指导都表明以FSB的上述两份文件为重要参考,因此对巴塞尔相关协议的理解和分析都以此为基础。如巴塞尔委员会于2010年1月发布的《薪酬原则及执行标准评估办法》为帮助监管机构执行FSB的《稳健薪酬原则》,建议以巴塞尔委员会、IAIS(国际保险监管协会)和IOSCO(国际证监组织)的相关要求作为补充。

④ FSB, Supplementary Guidance to The FSB Principle and Standards on Sound Compensation Practice, March, 2018.

⑤ European Commission, Report of the de Larosière Group, February 2009, pp. 30-32. 该专家组报告是欧盟金融监管改革立法的重要参考,其中多项提议被欧盟委员会采纳。

生效，这就是严格控制引发高风险行为的奖金激励体系的《资本要求指令Ⅲ》①（以下简称 CRD Ⅲ）。欧洲重要金融监管机构——欧洲银行管理局，其责任在于帮助欧盟各国将相关指令转化为国内法，使指令更具可操作性，因此继其前身欧洲银行监管委员会（CEBS）发布《薪酬政策高级原则》②后，EBA 于2012 年相继发布了《薪酬实践指导》③和《高收入薪酬信息数据收集指导》④。2014 年欧盟委员会发布一项针对如何界定"对金融机构风险状况有实质影响的人员"标准的法令，为监管机构合理划分被监管对象提供了定量和定性两个方面细致的参考⑤。不仅如此，EBA 还定期追踪和回顾各国实施该指令的情况，如 2013 年对欧洲 19 家大银行执行 CRD Ⅲ 信息披露要求的进展作了评估，督促和帮助银行披露薪酬详细信息。欧盟的立法和持续监管显示了欧盟要在金融系统内建立稳健薪酬体系的决心。图 0.1 显示了欧盟层面在薪酬监管方面的进展状况，可见，欧盟金融机构薪酬监管框架的形成是一个逐步完善、日益细化的过程。

---

① European Parliament and the council of the European, Directive 2010/76/EU of the European Parliament and of the Council of 24 November 2010 amending Directives 2006/48/EC and 2006/49/EC as regards capital requirements for the trading book and for re-securitizations, and the supervisory review of remuneration policies. Official Journal of European Union.Available at http://register.consilium.europa.eu/pdf/en/10/pe00/pe00035.en10.pdf. 下文中 CRD Ⅲ 主要内容引自此。

② CEBS, *High-level Principles for Remuneration Policies*, April 2009.

③ EBA, *Guidelines On the Remuneration Benchmarking Exercise*, July 2012.

④ EBA, *Guidelines On the Data Collection Exercise Regarding High Earners*, EBA/GL/2012/05, July 2012.

⑤ European Commission, *Supplementing Directive 2013/36/EU of the European Parliament and of the Council with Regard to Regulatory Technical Standards with Respect to Qualitative and Appropriate Quantitative Criteria to Identify Categories of Staff whose Professional Activities have a Material Impact on an Institution's Risk Profile*, May 2014.

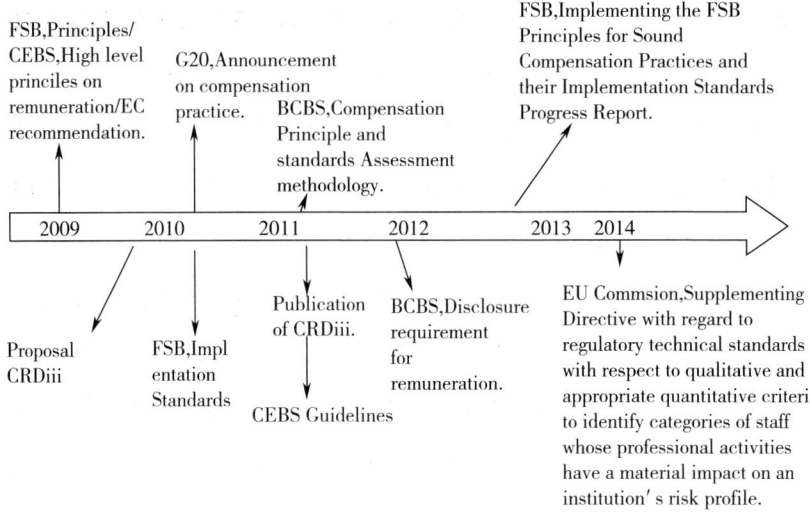

图 0.1 欧盟薪酬监管立法发展

欧洲内部，多数国家都进行了不同程度的立法改革。如 2009 年 8 月德国对其《德国股份公司法案》（Stock Corporation Act）进行修订，强调了股东对高管人员薪金的决定权，并且规定了股东的股票期权在取得后 4 年内不能转让[1]，意在通过多种手段将未来经理人的奖金与公司的长期效益挂钩。2009 年 8 月，英国 FSA 出台《金融业薪酬改革方案》[2]，对大型银行、住房互助会、投资公司等进行薪酬监管，将风险管理因素纳入薪酬体系，要求金融企业在薪酬制度的设计方面必须考虑与风险管理的关系，强化董事和其他高管人员的风险管理责任，并要求在业绩滑坡的情况下退还部分奖金。改革方案还要求各金融机构公布年度薪酬和奖金报告，明确各自薪酬和奖金发放的具体细节。英国在 2015 年发布金融机构薪酬监管的最终版本，要求金融机构严格执行。瑞士金融市场监督管理局（FINMA）要求大型银行和保险公司需遵循其制定的薪酬规则最低标准，包括延迟发放多数奖金等。

---

[1] Thomas Prosser, *Executive Compensation and the Economic Crisis*, 2010, p.13.
[2] FSA, *Reforming Remuneration Practices in Financial Services*, 2009, p.4.

在美国，2008年国会通过的《紧急经济稳定法》禁止特定金融机构在特定时间使用高管"金色降落伞"（Golden Parachute[①]）合约[②]以及免除超过规定薪酬高管人员税收优惠[③]，2009年1月16日，在众议院批准发放TARP计划剩余拨款后，财政部立即宣布了对接受援助的机构高管限薪在50万美元以内，随后又将这一标准用于高管的奢侈品开支上。2月，国会通过《复苏与再投资法》，针对接受救助的机构高管多方面限制其薪酬计划，财政部也出台了相关的实施细则[④]，以便更好地实施该法案中的限薪令。而著名的《多德—弗兰克法案》则将监管对象进一步扩至上市公司，细化股东对高管薪酬的建议权，意在鼓励股东关注和参与稳健薪酬的制定。

同样，我国也回应了国际监管趋势，从2009年起各监管机构相继发布了国内的"限薪令"，形成了我国金融机构薪酬监管基本法律框架。财政部在2009年初发布了《关于国有金融机构2008年度高管人员薪酬分配有关问题的通知》（以下简称《通知》），明确国有金融机构在清算2008年度高管人员薪酬时，按不高于2007年度薪酬90%的原则确定；随后，财政部2010年发布《中央金融企业负责人薪酬审核管理办法》[⑤]，规定金融企业负责人的绩效年薪控制在基本年薪的3倍以内；银监会2010年发布《商业银行稳健薪酬监管指引》[⑥]，规范了国内依法设立的吸收公众存款、发放贷款、办理结算等业务的企业法人，涉及全部员工的薪酬结构、薪酬管理、薪酬支付和薪酬监管几个方面；保监会先是对国有保险公司负责人薪酬进行了一次全面检查，并发布了《关于

[①] "金色降落伞"指的是雇用合同中按照公司控制权变动条款，对失去工作的管理人员进行补偿的规定，后来发展为与高管约定无论何种原因离职都可以获得一定奖金的合约。

[②] H. R. 1424—13. SEC. 111, *Emergency Economic Stabilization Act of 2008*.

[③] SEC302, *Emergency Economic Stabilization Act of 2008*.

[④] TARP Standards for Compensation and Corporate Governance, Interim Final Rule, 2009.

[⑤] 财金〔2010〕10号。

[⑥] 银监发〔2010〕14号。

保险公司高级管理人员 2008 年薪酬发放等有关事宜的通知》，2009 年正式建立了保险公司治理报告制度，将高管人员薪酬情况纳入报告内容，2012 年颁布《保险公司薪酬管理规范指引（试行）》。[①]2014 年银监会办公厅针对信托业的风险管理出台了相关的指导措施意见，其中要求信托公司建立"激励性薪酬延付制度（与风险责任和经营业绩挂钩的科学合理的薪酬延期支付制度）"。[②]我国已逐步形成了金融业薪酬监管框架，在银行业、保险业、信托业都出台了相应的监管规则，国有金融机构的高管薪酬更是面临严格的限制。

由此可见，不同国家对于同样的国际监管规则作出了自己的解释。由于法律制度、体制机构、商业习俗和惯例的不同，各国的金融市场也存在差异。但毫无疑问的是，各国都在不断完善公司治理的重要部分——薪酬激励的监管法律制度，相比于其他 G20 国家作出的立法努力，我国还在起步阶段，国内相关立法现状尚有诸多需要完善之处。

三、研究意义

与欧美相比，中国的金融业更为稳健平缓，这与我国金融市场开放程度不高及国家默许保护有着紧密的联系。然而随着金融改革的深化，金融业在 2013 年《中共中央关于全面深化改革若干重大问题的决定》已被解读为"竞争性"行业，金融机构将逐渐面临市场化竞争，其依靠国有性质占据垄断地位的优势也将逐步消退。若想在全球金融一体化竞争的舞台上占有一席之地，提高国内金融机构风险管理能力也十分必要。可见，建立完善稳健的薪酬体系不仅仅是履行 G20 成员国义务，还可以提高我国金融机构的公司治理水平和竞争实力，引导尚未成熟的金融机构良性发展。同时也可以创造健康的金融文化

---

① 保监发〔2012〕63 号。
② 银监办发〔2014〕99 号。

和环境，重塑民众对金融业的信心，更好地发挥金融业作用，将资本引向利于社会发展的地方。

薪酬监管并非简单地限制高薪，扰乱市场竞争，而是通过合理的监管措施将薪酬和金融机构长期风险挂钩，抑制过度风险行为，预防系统性风险。目前我国金融机构薪酬监管框架才刚刚搭建，存在混乱零散、法律效力层级较低、监管重叠和真空并存等有许多不合理之处。通过对国际规则的解读，结合自身金融市场发展状况和风险特质，为进一步完善适合我国金融市场发展需求的薪酬监管框架提出有益建议。本书研究的目的在于提供薪酬监管的法律及理论依据，理解金融机构薪酬体系与风险之间的关系，探寻如何建立起国内稳健合理的薪酬监管框架。

四、文献综述

薪酬监管的研究在危机之后引起许多法学、金融学、管理学等多领域学者的关注，但国内学者仍然将重点放在对国有金融机构高管薪酬监管研究方面。因此国内的研究对象重点是国有企业高管，试图从制度上解决由出资人缺位、政企不分产生的多层次特殊代理成本问题。国外则越来越关注薪酬监管与金融稳定之功能实现的制度安排。

（一）金融机构薪酬监管必要性研究

1.关于金融机构薪酬体系与金融危机之间联系的研究。随着金融机构高管以及涉及风险操作人员的薪酬监管法律的不断增加，学界对薪酬监管合理性有着不同的看法。多数学者认为金融机构的薪酬激励体系诱发了危机的发生，Alan S. Blinder（2009）甚至将金融危机的根本原因归结为不合理的薪酬奖惩制度。傅穹、于永宁（2009）认为高管薪酬机制既是资本市场辉煌的动力，也是全球性经济危机的诱因。金融危机背景下"正面我赢，反面你输"的单向保护高管利益的扭曲薪酬机制面临反思。J´ozsef T´oth（2015）认为金融危机的发生原因多元且复杂,但绝不可否认,不合理的激励机制是其中之一。学界和监管机构对于"薪酬体系刺激高管及员工过度冒险,引发机构长期风险的集中爆发,对金融危机的产生和发展有着推波助澜作用"这一观点已基本达成共识并体现在监管规则中。如 G20 发布的《稳健薪酬实践原则》认为现存薪酬体系刺激了员工为拿到丰厚奖金只考虑短期收益而忽略公司长期风险的动机,最终引起系统性的金融风险。因此有必要建立全球范围内的薪酬监管规则,避免监管套利。[1]欧盟的 CRD Ⅲ 同样认为由于银行的过度风险行为造成了单个银行的倒闭,随后引发系统性风险,而正是薪酬激励体系造成了员工过度风险行为,只有建立一个与长期风险挂钩的薪酬体系,才能从根源上缓解这种倾向[2]。但也有一些人认为金融机构的高薪与危机无关,Rüdiger Fahlenbrach 和 René M. Stulz (2009)选取了 98 个不同类型的金融机构,观察其 2006—2008 年薪酬安排,通过标普提供的数据分析危机前后其高管薪酬和业绩后指出:没有证据可以说明银行高管的薪酬制度和金融危机有关联,反之在危机中将高管薪酬和股东利益较好挂钩[3]的公司在股东收益和净资产收益率上表现更差,期权形式薪酬并未能使得这些高管在危机中显得更稳健,实际上银行的高管们在危机中并没有减少持股数,他们在股价下跌后损失惨重[4],薪酬制度并不应被指责为金融危机的元凶。《纽约时报》首席金融记者 Floyd Norris(2009)认为危机来临前,高管们并没有先知,并以雷曼的总裁 Richard Fuld 为例,在危机来临前并未来得及抛售其对雷曼的持股,还任其贬值。尽管大家看到用纳税人的钱来拯救金融机构觉得很愤怒,但确实没有证据说明这种高薪刺激就是造成危机的原因,

---

[1] FSF, *Principles for Sound Compensation Practices*, April 2009, p.1.

[2] (1) of CRD Ⅲ, May 2010.

[3] 公司治理方面的学者通常认为,所谓能将高管薪酬和股东利益有效挂钩,就是指当股东受益时高管薪酬上升,股东损失时高管薪酬减少。

[4] Rüdiger Fahlenbrach & René M. Stulz, *Bank CEO Incentives and The Credit Crisis*, National Bureau of Economic Research Working Paper, 2009.

高管们有太多理由不希望公司倒闭[①]。针对此，Lucian A. Bebchuk、Alma Cohen 和 Holger Spamann（2009）先以贝尔斯登和雷曼兄弟为例，通过对其2000—2008年前五位高管薪酬的数据，分析了高管们如何利用其任职期间获得的各种奖金来弥补危机时所遭受的微不足道的损失。文章指出，两家银行职位最高的五位高管一直在套现，并非所猜想的"蒙受巨大损失"，未抛光所有股票是因为未能及时预测到公司即将倒闭。文章进一步指出，金融机构的薪酬制度与公司长期风险及股东利益脱钩，在金融危机中起了推波助澜的作用，这种监管不再仅仅是政治的作秀需求，更多的还是基于未来金融系统稳定的考虑。在国际金融协会（Institute of International Finance，IIF）2009年的调查报告中，98%的受访银行认为，薪酬机构的确是造成这次金融海啸的主要原因之一。针对国内金融机构薪酬激励机制监管的必要性，蒋建湘教授（2012）认为我国不合理的国企高管薪酬难以通过市场自身的力量恢复其合理性，当前国企高管薪酬管理的现状也迫切需要法律规制。刘昊佼（2010）提出了我国金融企业薪酬监管体制改革的思路，包括确定衡量高管薪酬数额的标准、加大高管薪酬信息披露力度、完善高管薪酬法律规制的各类程序性机制等。

尽管多数学者承认不合理体系与金融危机之间有关联，但极少深入系统地探讨薪酬体系是如何刺激过度风险行为。为了更直观地说明金融机构奖惩不对称引发的刺激员工冒险动机问题，Conyon、Fernandes、Ferreirap、Matos 和 Murhy（2011）用图表分析了在不同的薪酬结构激励下，高管或是风险操作者的风险倾向的变化，得出奖金的发放只有有所约束时，才能适当抑制风险行为。金融机构衡量高管或员工业绩时未将风险因素纳入评判标准，导致高管和其他涉及风险操作的员工为了巨额奖金抱有赌博倾向——成功了就可以享受大量的

[①] Floyd Norris, *It May be Outrageous, But Wall Street Pay Didn't Cause this Crisis*, N.Y. Times, July 31, 2009.

年终奖,失败了也不会损失最基本的薪水。Cuomo(2008)则认为最直接的原因就是"公司业绩好时,他们拿高薪,不好时还拿高薪,再差时,政府付钱给他们"①。

2.关于金融机构薪酬激励制度与社会资本理论研究。包容性金融发展是未来金融发展的重要方向和议题。金融业过度发展动摇了基础的社会契约,诸如所追求的机会的平等、付出与回报的对等、代际公平等价值理念。Putnam(1993)认为社会资本是指存在于社会中可促使人们能够通过促进合作行为来提高社会效率中的一种规范、价值观和信念。主要体现在相互信赖、互惠互利、公民心与社会关系等方面。在 Putnam 看来,一个依赖普遍信任的社会比一个没有信任的社会更具有效率,因为信任为社会生活增添了润滑剂,这正如货币交换比物物交换更有效率一样。正是由于信任在社会中的普遍确立,才奠定了货币交换替代物物交换这一金融上巨大发展的基础。Thomas Philippon 和 Ariell(2009)曾对金融业的高薪酬研究后认为,"无论是现代科技、教育,还是华尔街失业风险较高等因素都不能解释这种差距"。而正是这些不符合经济学、人力资本理论等基本规律的薪酬体系吸引社会的顶尖人才全部流向金融业,甚至相当数量的监管人员也相继跳槽至金融机构。从 Schumpeter(1911)到 Goldsmith(1969)、MaKinnon(1973)、Shaw(1973),再到以 King 和 Levine(1993)为代表的众多经济学家都认为金融发展是经济增长的主要推动力之一,其中 Guiso(2001)认为,"既然金融契约就是一项高信任聚集的契约,那么社会资本对金融市场的发展具有重要影响"。然而,金融业本身诸多的不合理之处却反过来削弱了社会资本,英格兰银行负责人 Mark Camey(2014)在关于包容性资本主义发展主题大会上提出,垄断性资本主义的发展使得社会资本受到侵蚀,被过度信奉的市场原教旨主义即重要原因。重树社会资本并非只停留在虚无缥缈的理念的传播,而是依赖于多方面的改革。具体到金融机构的薪酬体系,

---

① Cuomo, *The Heads I Win, Tails You Lose*, Bank Bonus Culture, September 2009.

Dominic Barton 和 Mark Wiserman（2014）认为薪酬激励机制的改革不仅仅要和公司的长期风险挂钩，还要考虑到整个社会的可持续发展。郑观（2015）认为民众对于公平正义这一社会基本价值的追求推动了对于金融行业不合理薪酬激励机制的关注。

3. 关于现有调节薪酬手段局限性的研究。相比于对金融机构不合理激励制度带来的负外部性的研究，关于现有调节机制不能解决现有问题的研究相对较少。Thomas Philippon 和 Ariell（2007）认为现有人力资本市场的规律并不能解释金融机构绝对薪酬，因此依赖市场不可能对金融机构的薪酬合理性作出积极调节。Lucian Bebchuk 和 Jesse Fried（2006）通过对薪酬制定程序的剖析，指出现行的高管薪酬决定机制并没有体现出"公平交易"，股东通过董事参与高管薪酬的谈判，而同时，董事的任命、薪酬和未来潜在的商业交易又可能受到高管影响。由于市场收益率、系统风险都存在不确定的因素，高管薪酬的固定部分又占很小的比例，Garvey 和 Milbourn（2006）发现，以行业收益率为标准，当证券市场状况不好，即高管运气不好时，高管运气薪酬的现象就比较少；反之，高管运气薪酬的现象就比较多。同时，高管因好运气所得到的奖励远高于他们因坏运气所遭到的惩罚。

钟震（2010）认为定价非政府可以决定，但特定金融机构，诸如接受政府救助的金融机构薪酬理应接受规制，或是其利润的很大部分来源于政府隐性担保的金融机构并不能完全依赖人力市场的调节。

国内外学者通常停留在金融机构不合理薪酬体系引发金融危机这一理论基础上，并未深入地对公司内部治理的弊端、市场的调节失灵等问题作进一步的研究。本书将公司自治和人力市场无法解决的薪酬问题作为强调外部监管必要性的原因之一。

（二）监管目标与适用对象研究

明确监管目标、界定监管对象是监管框架中的重要内容，观察全球范围内监管规则，发现不同监管地域采取了不同的标准。这种差别的出现，很大程度上是由监管机构对监管目标理解不一致，监管部门之间缺乏有效沟通造成的。那么我国薪酬监管的目标和范围究竟应当如何界定？巴塞尔银行监管委员会（2009）认为薪酬监管的目的在于监管金融机构建立稳健的薪酬体系，防止银行员工实施过度风险行为，风险来临时以便有更好的资本去抵御风险[1]。英国FSA（2009）将其薪酬政策的根本目标定为通过消除不恰当冒险动机以维护市场信心，提高金融稳定性，最终达到保护金融消费者的目的[2]。CEBS（2010）将薪酬监管作为有效的风险管理措施之一来对待，认为好的薪酬体系应该将薪酬与金融机构长期风险和业绩紧密挂钩[3]。Kern.Alexander（2012）认为，薪酬监管应达到三个目标：减少信息不对称产生的代理成本问题，提高股东对金融机构控制能力；防范因不当奖金带来的道德风险；平息民愤，缓解由此带来的政治压力。但目前国内尚无文章讨论对金融机构的薪酬法律规制应当达到怎样的目标，或是不同行业／类型的金融机构是否要达到不同的目的。但有学者从国有企业高管薪酬规范的角度谈及，如蒋建湘（2012）认为不合理的国企高管薪酬则不仅损害企业的利益，也损害国家和公众的利益，主张只对国有企业的高管进行法律规范，以达到可以真实反映高管的贡献、与企业绩效挂钩的薪酬。

关于哪些金融机构应纳入监管范围，各国也作出了不同规定，巴塞尔委员会（2010）在其《薪酬原则及执行标准评估办法》中将范围限定为"特别适合于比较重要的银行，尤其是具有系统重要性的银行"，然而同时也支持各国将这一适用范围扩大到所有银行。英国FSA（2009）出台《金融业薪酬改革方案》，针对大型银行、住房互助会、投资公司等进行薪酬监管；美国国会（2008）通过的《紧急经济稳定法》禁止特定金融机构在特定时间使用高管"金色降落伞"

---

[1] FSF, *Principles for Sound Compensation Practices*, April 2009, p.1.
[2] FSA, *Reforming remuneration practices in financial services*, August 2009, p.6.
[3] CEBS, *Guidelines on Remuneration Policies and Practices*, December 2010, p.9.

（Golden Parachute）合约以及免除超过规定薪酬高管人员税收优惠。

对于具体规则的适用人员，相关的讨论十分有限。现有规则多数将适用对象限定在高管及其他对金融机构风险有重大影响的员工。国内现有文献中，几乎全部以"高管薪酬"作为监管对象，即使提及其他风险承担者，却都未能充分论述。李臣（2012）提到交易员等非高管人员的职业行为同样关系到金融机构的风险状况，该类人员薪酬激励机制应符合稳健薪酬标准。Sarah Butcher（2016）统计了英国薪酬披露规则实施后银行"风险承担者"的薪酬状况，较少见地未将高管与其他风险承担者相区分。王天（2015）也强调了交易员在其交易提成与业绩直接挂钩的激励制度下，业绩更容易被夸大或修改。可见，对于具体的适用对象界定，暂无文献对其论述，本书对于风险承担者相关概念及划分标准的借鉴，主要来源于对巴塞尔协议中相关规定的解读。

（三）与风险挂钩的薪酬安排相关研究

薪酬结构是薪酬监管框架中最为核心的部分，也是技术性最强的部分，涉及众多概念和制度。不仅包括中长期激励、延迟支付等相对于基本薪酬而言的浮动薪酬部分的设计，还包括了诸如保留退休金（Vesting）、离职补偿金（"金色降落伞"计划）、薪酬追回（Claw-back）等制度设置。巴塞尔银行监管委员会（2009）规定了薪酬延迟支付，50%以上应采取股票或与股票挂钩的金融或与股票挂钩的金融工具（如股票期权等）。银监会（2010）规定了"商业银行高级管理人员以及对风险有重要影响岗位上的员工，其绩效薪酬的40%以上应采取延期支付的方式，且延期支付期限一般不少于3年，其中主要高级管理人员绩效薪酬的延期支付比例应高于50%，有条件的应争取达到60%"。学界的讨论重点并非浮动薪酬和基本薪酬的构成比例，而是如何制定浮动薪酬。刘京海、陈新辉（2009）将追回条款分为两种类型：基于业绩的追回和基于欺诈行为的追回，股权激励必须基于长期业绩，设计方案需要考虑市场的波动情况，尽量跨越一个完整的波动周期，避免出现当前因短期内股价低于行权价就盲目取消股权激励的情形。Maria Cristina Ungureanu（2010）在总结 FSB 对 G20 国家实行薪酬监管情况回顾的报告后，认为尽管追回制度有利于约束金融从业者对自己的行为负责，但目前尚无国家将这一制度实施，其中可能的原因是实际操作时会遇到与本国的公司法、劳动法相冲突的状态。郑飞飞（2010）认为追回制度的设计应明确追回时间、行权主体、数额等具体事项。Lucian A. Bebchuk、Alma Cohen 和 Holger Spamann（2009）认为通过薪酬追回制度可以防止经理人全部依赖一年的短期利润获得奖金，待风险充分暴露时可以充分评价当时行为。Stuart R. Lombardi 认为应当赋予公司董事会是否追回薪酬的权力。Lilian H. Chan 以及 Anna Bergman Brown 的实证研究报告肯定了薪酬追回制度的正面价值。李允峰、蒋建湘虽然强调了薪酬追回制度的重要性，但认为我国没有相关的配套法律依据。

王宏飞、王飞（2012）基于目前我国银行薪酬发放以现金为主，风险承担有效分配尚存在不足，同时尚未实施稳健薪酬实践原则有关条款的情况，提出我国应加快推动运用股票、期权等挂钩工具完善长期薪酬激励机制。郑观（2012）通过对域外股东话语权制度的分析，提出我国在引荐该制度时如何与现行《中华人民共和国公司法》（以下简称《公司法》）相容的相关建议。

（四）影响薪酬决定机制研究

在公司治理理论中，董事会代表股东利益，然而大量的研究却得出董事会在薪酬制定上会倾向于高管利益的一般结论。Lucian. A. Bebchuk（2003）就从多个角度阐述董事会将受到经济利益的诱惑（期望得以连任，而高管则有相应的选择权），顾及袍泽之谊、团队精神，受到社会和心理因素等多方面影响，导致董事会在制定薪酬时偏向高管。独立薪酬委员会通常被认为是可以中立、科学地设计薪酬的主体，其独立性同样遭到质疑。而薪酬顾问也存在类似的境况，Crystal（2002）就曾指出，薪酬顾问通常由公司人力资源部聘用，而首席执行官经常参与选聘程序。Martin J.Conyon Simon（2004）分析得出薪酬顾问对高管利益的倾斜仍能导致薪酬安排倾斜于高管，并且通过调研得出他们喜欢设计各种调查，专门提供有利于维护高薪的数据。因此FSB（2012）在一份评估各国薪酬制定情况的报告中就提出，为了保证薪酬委员会的独立性，不仅要求薪酬委员会成员的构成充分独立、专业，而且其本身的薪酬要与公司的业绩等脱钩。由此可见，如何保证薪酬制定者的独立性需要其他配套制度设计来完成。Ruth Bender指出了薪酬顾问的三种作用。美国国会的报告指出，有利益冲突的薪酬顾问会给予高管更多的报酬。在实证研究上，Armstrong等通过分析美国2116家上市公司在2006年所提交的报告，认为公司聘请提供多种服务的薪酬顾问，并不会增加高管的薪酬。Cadman等通过分析2006年标准普尔1500指数中755家公司的报告，认为薪酬顾问的利益冲突并不导致较高的高管薪酬以及较低的薪酬与业绩之间的敏感性。Conyon在2008年的一份实证研究认为，没有证据显示公司聘请提供多种服务的薪酬顾问会增加高管的薪酬。Cen和Tong分析了标准普尔500指数公司在2009年的报告，认为公司聘请提供多种服务的薪酬顾问会增加高管的薪酬。此外，聘请有利益冲突薪酬顾问的公司，其业绩与薪酬之间的关联度比较低。薪酬专家Murphy和Sandino进行了一项更为全面和严谨的实证研究，他们的报告分析比较了英国、美国、加拿大三国的数据，认为有利益冲突的薪酬顾问（包括提供其他服务和保持合同关系）会导致更高的薪酬。关于薪酬顾问因为试图与公司保持关系，是否会造成其倾向于高管利益的问题。Goh和Gupta通过分析2002—2008年英国FTSE指数中350家公司的报告，认为公司高管通过更换薪酬顾问能够获得更高的薪酬。Tong和Cen通过分析2007—2009年标准普尔1500指数中公司的报告，认为如果公司解聘六大薪酬顾问公司转而聘用小型的薪酬顾问公司，那么其高管就会获得更多的固定薪酬、奖金以及总薪酬；反之，则会减少。Conyon认为更换薪酬顾问不会增加高管的薪酬。对此，Murphy和Sandino表示赞同。在责任机制完善方面，Frank Partnoy和John C. Coffee都认为，应当将看门人责任改变为无过错责任。但前者认为责任上限应为上市公司责任的一部分；而后者认为责任应为看门人收入的若干倍。就我国而言，关于薪酬顾问的研究文献几乎没有。

（五）信息披露的研究

信息披露是规制薪酬的重要方式，巴塞尔银行监管委员会（2010）为此作出了最详尽的规定，在其《支柱三：对薪酬信息披露的要求》中要求对薪酬制度的信息披露包括定性和定量的分析，涉及的内容包括薪酬委员会或薪酬治理会的结构、薪酬制定人员的独立性、薪酬体系的结构、定期评估的周期、风险调整的方法、薪酬和业绩的关联、长期业绩的评定方法、薪酬的形式种类等。现有文献关于薪酬信息披露的研究多数限定在"高管薪酬信息的披露"，与本书的研究范围有所区别，但仍有借鉴和参考意义。对于信息披露的意义，Jennifer Hill（1996）教授认为充分的薪酬信息披露是有效规制高管薪酬并提高公司治理水平的重要手段，Edward M. Iacobucci 则全面地讨论了薪酬披露的利弊得失。我国学者朱羿锟、李建伟以及郁光华等，都肯定了高管薪酬信息披露的必要性及其正面价值。

然而，针对信息披露的作用，有学者提出质疑，这种质疑从证券法中的强制披露制度就开始有。Art Duner 和 Han Kim（2005）就认为强制性信息披露制度完全没有必要，公司会主动将股东想知道的情况公布于众，目的在于抬高股价。而金融机构薪酬信息的披露，Walke（2010）则认为没有必要事无巨细地对外公布，牵涉过多的企业商业秘密，会引发不当竞争。林建秀（2013）认为监管部门对上市公司高管薪酬信息披露管制未能完全实现效率和公平的监管意图。从效率监管目标看，期望通过信息披露发挥外部机制对董事会和高管在薪酬制定过程的行为监督，更多的时候演变为公众的强烈不满，其结果是设计并披露符合公众评判标准而非股东价值创造的薪酬契约成为更多上市公司的普遍做法。葛家澍、田志刚（2012）等指出薪酬制定程序的信息披露过于简单，无法给投资者有意义的信息。童卫华等指出了我国缺乏对于公司业绩与高管薪酬关系的披露。

在完善薪酬信息披露方面，郁光华建议薪酬委员会或董事会必须以信息披露的形式详细地向股东解释采用不同报酬分配方法的依据或合理性，及其报酬与公司业绩的相关关系。葛家澍、田志刚等建议应当披露高管薪酬所存在的风险；童卫华等建议应当披露公司业绩的比较图。Naveen Kumar，J. P. Singh（2013）建议金融机构高管及风险承担者的薪酬信息披露应当更加关注薪酬设计过程的披露，而非局限于薪酬绝对值。

总体而言，从国内的研究现状来看，其普遍关注的重点在于国有企业高管薪酬制定产生的代理问题解决途径，对国际规则的具体制度的关注并不多见，诸如对信息披露、股东话语权等制度的分析也是基于上市公司高管这一范围。文献并未注意到金融机构的特殊风险特质有别于其他机构带来的特殊薪酬制定产生的代理问题，国内金融市场发展的现状和未来趋势也未能体现在对薪酬监管措施讨论的背景之下。对于政府直接规制薪酬制定的行为需要夯实的正当性理论基础论证，但这一方面的研究几乎空白。国外的研究侧重于将薪酬与风险相关联的配套监管措施的研究，但国际监管规则的制定通常由金融发展较为发达的国家制定，如何将国际监管规则运用到国内金融发展和稳定的需求上是本书将作出的一个补充。

五、研究方法

（一）法律解释学方法

国际监管规则在全球金融监管中发挥越来越重要的作用，其强制力、权威性都得到了普遍的认可，因此对规则文本的解读变得十分有意义。除了对我国现存国内各监管机构发布规范性文件进行解读和分析外，本书对FSB、EBA、CEBS、美国及德国等欧洲国家不同层面的监管规则进行了文本分析，比较了同一制度不同地区规则的差别。在阐明相关法律词汇（文义解释）、整合规范薪酬监管的法规体系（体系解释）以及探寻立法的目的（目的解释）的同时，本书就法规中规定不完善或者没有规定的地方，提出完善的建议（法律续造）。

（二）法律金融学的分析方法

法律金融学研究金融监管理论通常应用金融经济理论和计量经济学方法，分析和探究法律制度对国家金融体系发展模式的形成、各国公司治理结构的形成及经济发展的影响。本书依靠法学的基本理念，应用经济金融理论和计量经济学方法，分析法律制度对国家金融体系的形成、金融体系配置资源的效率、金融机构治理构架完善等的影响。

（三）比较法

本书不仅对现行域外相关制度进行比较分析，而且对域外相关制度的演变进程进行分析，将比较法和历史研究方法结合起来，最大程度地在当时当地的语境下看待制度设计的本义。具体来说，本书采用的法律解释方法主要包括法律文义、法律体系、立法史以及比较法的研究方法。关于金融机构薪酬监管问题，危机之后的法规和实践经验都比较丰富，能为我国相关制度的解释和完善提供诸多宝贵的借鉴。当然，由于各国在政治、经济、文化等多种方面存在着差异，对其比较分析在多大程度上对本国的制度有借鉴意义，就值得仔细地甄别和评估，难度不可谓不大。

此外，本书采用实证研究的方法，包括微观的个案研究和宏观的总括研究。本书引用的这些宏观实证研究报告，多为金融、财务等专业学者的研究成果。我国的规则尚停留在仅有的一系列规范性文件中，尚未有足够的实践经验来分析。文章在论述薪酬和危机之间关系、股东话语权行使效果等问题时，均采用了对已有数据、案例的分析方法，从实践的角度论述文章观点。

六、可能的贡献与不足

本书的主要贡献在于，就金融机构高管及其他风险承担者与股东以及公众利益所产生的代理问题,进行了较为全面和深入的法律上的研究。对于薪酬问题中的代理问题,出现了多篇硕士论文和期刊文章。通常而言,现有文献多是集中解决高管、股东之间产生的代理问题,或是国有企业中该类问题,但对于金融机构高管及其他风险承担者产生的特殊代理问题,现有文献并未意识到许多适用于非金融机构的制度设计在解决金融机构代理问题上并不完全适用。本书则以风险控制的视角研究金融机构高管及风险承担者的薪酬问题。相比较于其他薪酬相关文献,本书不论是研究的角度及针对性上,都有所创新及提高,具有一定的开拓性。

限于笔者在研究水平、学术能力以及实务经验等方面的不足,对这一题目还缺乏透彻和深入的理解,有待以后加强学习。除此之外,对于实务中金融机构薪酬规制所出现的法律问题(尤其是具有中国特色的法律问题),限于并无太多相关公开资料,尤其是具体薪酬设计涉及公司商业秘密,因此本书更多的是从理论层面和比较法的角度来研究金融机构薪酬制定中的代理问题,缺乏对实践的具体分析。对于某些具体问题,本书的讨论也并不全面和充分,例如,未对监管机构事后的行政处罚进行讨论;未更有针对性地对国有金融机构的相关问题完善展开全面的讨论。主要原因在于:金融机构薪酬监管涉及众多法律制度和规则,很难对所有事后处罚以及救济情况进行讨论,且在国内的实践才刚刚开始,相关的理论和经验都还没有足够支撑此方面的论述;对于国有金融机构,其特殊的代理问题国内学者研究较多,学术成果也比较丰富,本书如果详细讨论,不仅篇幅上不够,也不易提出新的学术见解。

第一章
金融机构薪酬监管必要性

探讨薪酬监管的基本理论,不仅需要了解金融机构薪酬体系具体作用机制原理,还要考察其造成的外部性问题,才能得出政府应当采取适当监管措施的结论。从金融机构薪酬体系本身的激励机制来看,其奖惩失衡、薪酬与金融机构长远利益严重脱节的设计鼓励了机构内的风险实施者低估金融风险,采取高风险行为,从而导致资产倾向于高风险部门。一旦经济环境恶化、风险突发时,一些金融公司,特别是系统重要性的金融机构只剩下很少的资源去吸收损失。这时风险将会危及范围更广的经济领域,甚至威胁到整个全球金融系统安全,造成巨大的社会成本的损失。无法用市场经济规律来解释的畸高薪酬及整个行业扭曲的激励机制影响到社会资源的分配,不利于引导金融服务于实体经济的发展方向。同时,也动摇了公众对金融业的信心。因此,为确保银行家为自己的行为负责,维护金融市场的稳健发展秩序,避免纳税人为金融机构失败埋单,有必要对金融机构的高管及其他风险承担者的薪酬激励体系进行监督管理。

第一节 金融危机诱因之一:不当激励机制

金融业的薪酬体系被普遍认为过度激励了金融从业人员的冒险动机,正如G20发布的《稳健薪酬实践原则》写道"现存薪酬体系刺激了员工为拿到丰厚的奖金只考虑短期收益而忽略公司长期风险,最终引起系统性的金融风险。"[1]本书首先探讨各类金融机构薪酬激励体系如何对高管及涉及风险操作人员产生影响,进而在金融危机中起到推波助澜的作用。金融高管激励不但与单个金融机构风险相关,而且与金融系统性风险有着密切联系。

一、基于"规模"的薪酬制度加剧次贷危机

一旦一家金融机构出现问题,市场就会推测持有类似金融产品的其他金融机构也会出现类似的问题,这时候被怀疑的金融机构融资就可能遭受债权人的追索,对于高杠杆的金融机构就产生了挤兑,这样即使本来满足清偿力标准的金融机构也难逃破产厄运。

(一)过度证券化引发次贷危机

2007年美国次贷危机的爆发对全球的金融系统安全造成了强烈的冲击,关于金融危机的成因研究已经足够多,以下对危机的发展脉络予以简单理清,以便于说明金融机构包括信用评级机构薪酬激励体系在这个过程中起到的推波助澜作用。

美国的住房抵押贷款分为三个层级,其中次级贷款是指贷款对象为信用分数较差的个人,从风险控制的角度出发,此类贷款通常不能获得批准。而在美国房地产一直火爆的情况下,加之住房抵押贷款竞争的激烈,各种金融机构不断创新产品,促使次级贷款大量发放。由于其风险大、收益率高,因此次级贷款被打包成抵押贷款证券(MBS),以便分散风险。投资银行将MBS进行再证券化,形成资产支持债券型抵押债务权益(ABS CDOS)。标准普尔和穆迪等信用评级公司再根据贷款人的资质、获得现金流和承担违约损失顺序的先后,将不同按揭产品进行评级划分。AAA级的为优先级,即这部分债券持有者被

---

[1] FSF, *Principles for Sound Compensation Practices*, April 2009, p.1.

承诺优先支付其收益。AA级和A级的为中间级,其他更低的BB级到B级为低层级,还有无评级的最低权益级的"有毒废物",即这些证券的投资者将在所有投资者之后获得支付。不仅如此,基于上述金融产品还会再被打包,整个过程无穷无尽。

观察这一证券化和结构化的过程,从表面看来,不同的投资者对风险的倾向偏好是不同的,抵押贷款的证券化在起到了分散风险的同时,为抵押融资提供大量的资金。但在不断打包再打包的过程中,次级贷款的高风险被逐步掩盖,直到其变成看起来十分安全的金融产品。金融创新产品推动了房价的非理性增长,导致违约率越来越高,从而更多的房屋被收回重新出售,但同时贷款的人群及房屋供求关系的逆袭导致房地产业经济急速下滑,严重阻碍了证券市场的流动性。

(二)金融机构薪酬激励体系的相同本质——重量不重质

从发放贷款,到贷款被打包成证券,再到证券被结构化成不同风险的金融产品,再到销售给不同的投资机构或个人。正是通过其间不断产生新的证券,金融机构和信用评级机构获取大量佣金。也正是每一次创造出的新证券给金融机构带来不菲的佣金收入,鼓励了这类证券的急剧增长。具体到不同类型金融机构,我们会发现激励体制引发的道德风险正是使得风险不断叠加升级的根本原因,其共同的特征即以销售量为基础对经理人进行奖励,而忽略其真实的风险状况。

以市场的重要参与者——贷款按揭经纪人为例,其薪酬与其发放贷款的数额挂钩,造成经纪人考虑的仅仅是贷款利率、种类、规模,而不是贷款的逾期率和违约率。提供抵押贷款的机构也采用了"基于销售量"的薪酬机制。抵押经纪人通过发放尽可能多的原始抵押产品争取到巨额奖金。美国新世纪金融公司是加州规模最大的抵押贷款公司之一。在巴塞尔清算银行发布的一份关于新世界公司破产原因调查的报告中就指出,其"几乎不核实经纪人是否对贷款申请人的经营状况有足够的了解，即使这家公司可能具有非常之高的 LTV（贷款与价值比率）"[①]。新世纪金融依靠独立经纪人运行，但其本身对于抵押贷款的质量下降负有很少或不负有任何责任。尽管金融机构本身会有严格的内部风控措施，对于抵押品的质量评估等也有要求，然而，在不合理的薪酬激励下，整个行业愈发趋于追逐高风险、高回报，新世纪金融同样购买了大量的风险资产，为需要购买抵押证券的机构提供了产品。

与此同时，抵押贷款的资产证券化更是起到火上浇油的作用。对于投行而言，它们是次级抵押贷款证券化和进一步衍生化的主要设计者，而投行的薪酬机制则是鼓励其经理人创造出更多、更复杂的金融衍生品。为了刺激其交易量，产品设计者们不得不通过复杂的模型公式包装，而模型公式多是基于有限的数据分析和假设，通常无法预测真实的经济走向，这些模型却成为经理人为其风险行为提供支撑的理论依据。

再观察基金经理的激励机制，其薪酬主要取决于他可操作的总额，或是管理基金的增长规模，而这一总额又取决于相对其他基金的回报率，但基金经理无须对损失负责。基于此，基金经理的目标是规模最大化，为此他会倾向于高杠杆化的风险资产投资。这种利益的驱动直接导致基金经理开始大量购买信用评级较高的抵押证券。Cohen、Starks（1988），Admati、Pfleiderer（1996），Diamond（1998），Coval 和 Moskowitz（2001）通过模型研究发现，依据基金净资产规模提取奖金的激励方式会使基金经理比投资者所期望的更加努力，但同时他们会选择比投资者所期望的更大风险水平。这也为日后引发系统性风险埋下伏笔，而当风险积聚暴露时，已经无法再追究这位经理人的责任了。在日趋激烈的竞争环境和整个金融业的薪酬机制改革及追求增长等因素的驱动下，

[①] Frankel A B. *The Risk of Relying on Reputational Capital: a Case Study of the 2007 Failure of New Century Financial*. Bank for International Settlements，2009，p.4.

即使相对保守的银行业也纷纷效仿基金公司的薪酬激励体制,转变为高风险的金融机构。以瑞士银行为例,在2008年的一份报告中,UBS高层管理人员承认其主要的驱动因素是追求增长。奖金的多少由毛收益减去人力成本决定,完全不考虑收入的质量和可持续性。[①]可以看出,经理人的薪酬与交易量、短期收益挂钩已成为金融界的趋势。

除此之外,信用评级机构的薪酬体系同样值得反思。通常金融机构受到不同程度的监管,而这种监管有时候却是依赖评级机构的评级。评级机构在将高风险、低质量的证券包装成信用评级较高,看起来很安全的证券在这一过程中起到了决定性作用。出于对市场份额的追求,而非对评级可信度的追求,信用评级的经理人们也在想尽一切方式用数学模型、数据分析等去提高其客户的信用评级,从而占领更多的市场份额。因为如果对证券作出客观的评价,很快就会丢失其客户,整个金融市场的畸形激励机制——评级机构向其评级对象收费,导致评级机构内部不得不为占有更多市场份额设计出鼓励经理人盲目评级的薪酬体系。危机过后,在对国会委员会的证词中,穆迪公司的前董事总经理Eric Kolchinsky强调,穆迪的薪酬体系严重扭曲了其对证券的评级,正是不健康的激励体制促使其分析师们更加偏好短期收益而非信贷质量,更加偏好销售数量而非产品质量。在穆迪,经理人将因丢失市场份额而被解雇。[②]

总而言之,在奖金取决于证券短期表现的情况下,买入风险与收益较高的抵押证券往往能保证获取更高的报酬和奖金。因而,高风险证券的需求又刺激了其供给,抵押证券交易量激增。尽管AAA级抵押证券的并非是评价出来的低风险产品,但在利益的驱动下,购买力居高不下。同样,在资产证券化的过程中,从抵押贷款的产生到被打包成抵押贷款证券(MBSS),再被打包成其

---

① UBS, *Shareholder Report on UBS's Write-Downs*, April 18, 2008, p.42.
② 在参议院常设调查小组委员会对华尔街和金融危机听证会上的声明,听证会名称为:信用评级机构的角色。

他证券,从被信用评级机构评级(下文笔者将单独叙述信用评级机构的薪酬机制对危机产生起到作用)到被投行和商业银行销售,到最后的投资者购买。其间的每一个步骤都产生佣金,经理人的奖金随着 MBSS 交易量的增加而增加,很快证券化发展迅猛。在这样的激励模式下,经理人的目标只有一个,即扩大其成交量。因此,抵押贷款被打包成其他金融工具,并被卖给全世界范围内的养老金、保险公司、捐赠基金以及其他金融机构。然而,当风险积聚爆发时,承担者却不是这些经理人。

二、奖惩失衡及周期过短强化冒险动机

为了直观地说明金融机构奖惩不对称引发的刺激员工冒险动机问题,Conyon、Fernandes、Ferreira、Matos 和 Murphy 用图 1.1 加以分析。

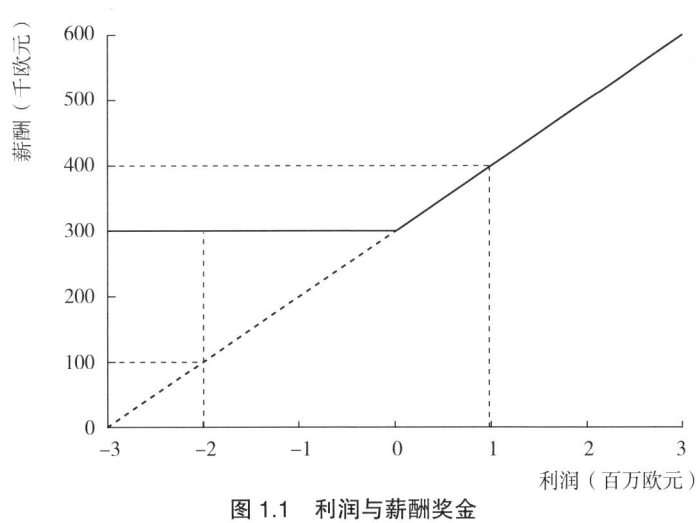

图 1.1 利润与薪酬奖金

假设一个交易员的基本薪酬是 30 万欧元每年,可以拿到所带来利润 10%的奖金,横坐标表示公司利润,纵坐标是员工的奖金。如果一项交易可能带来 100 万欧元收益的概率是 50%,损失 200 万欧元的概率也是 50%,公司期待收

益就是 -50 万欧元，对于公司显然是一项高风险的交易。但对于交易员而言，给公司带来 100 万欧元利润时他拿到的收入是 10 万欧元，损失 200 万欧元时他的奖金为零，所以 5 万欧元就是他的期待值，对他来说这几乎是毫无风险的交易。由此可见，同样风险的交易在此激励体系之下，对公司和交易员的风险取向相差很大。依据图 1.1，若想使奖惩有效地体现在交易员的奖金上，可以将虚线部分画实，也就是说可以通过奖金追回等方式要求员工对产生较坏结果负责。当然这只是理论上的做法，在实践操作中会面临许多问题，特别是当员工已经缴纳税款后再追回奖金时会遇到法律障碍，且奖金追回制度通常是要求追回错误发放的奖金，往往需要通过司法程序才能解决，由于当时付给员工的奖金确实根据当年业绩发放，法院一般不会强制要求员工返还所拿奖金。我们假设降低图 1.1 中交易员的基础薪酬至 10 万欧元，对于只要超过 -200 万欧元的利润的业绩都会有 10% 的奖金，那么面对上述同样的交易（如图 1.2 所示），该员工会如何选择？

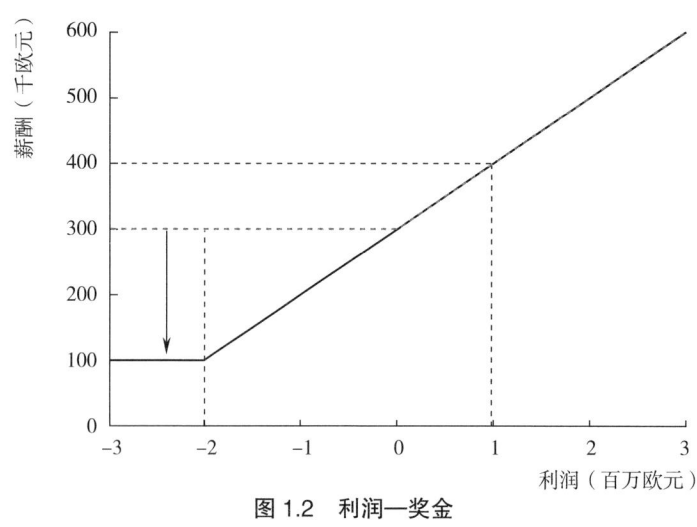

图 1.2 利润—奖金

在这种情况下，同样风险的交易（盈利 100 万欧元和损失 200 万欧元的几率各为 50%），交易员的选择倾向会和公司保持一致，相比于 30 万欧元的基本工资，此时在 -200 万欧元到零之间拿的奖金并非真正的奖金，加在一起的数额还不及之前的基本工资（假设 30 万欧元是市场竞争后的基本薪酬）。因此，较低的基本薪酬和较多的奖金机会在某种程度上减少冒险机会，对于高级执行官，公司通常会采用一些与股票挂钩的金融工具（如期权、限制性股票等）将高管们的薪酬和长期业绩相联系。但银行高杠杆率的资本结构已经决定了股东的冒险倾向：银行资金更多地来自作为负债的存款，股东冒险的代价较小，倾向于承担更高的风险。尽管股东们不希望高管从事过度冒险行为，但不可否认的是，股东们对风险的评估和市场前景的预测其实和高管们往往很相似。所以从某种程度上来说，只有鼓励员工从事风险行为的薪酬制度才是符合股东利益的，但我们需要解决的是缓和这种过度刺激，使得风险行为尽量稳健。

总结薪酬体系的不合理之处有两点：一是奖惩的数额不对称造成员工只用享受高风险行为带来的无上限奖金，而不用为自己的行为日后产生的不良后果负责；二是较短的业绩考核周期只能反映员工短期内对金融机构业绩作出的贡献，不能将长期风险与薪酬挂钩，导致风险集中暴露时无法追究责任。关键是，以短期利润来评判业绩时，这种利润的计算往往是使用公允价值会计准则，具有很强的顺周期性（比如一些银行在 2007 年持有的许多头寸尚有盈利性，几个月之后就发生巨额亏损）。相当于，用并未真正实现的利润成绩奖励高管或员工，但奖励的方式却是真金白银。尽管近年来有延期支付的机制，由于周期短及竞争公司对手的原因，这一机制仍很难将薪酬与公司之后可能爆发的风险联系起来，下文将详述之；而最后薪酬结构不合理使得奖金实实在在地进了银行家们的口袋后，却再也不能拿回来用来缓解流动性风险。金融机构衡量高管或员工业绩时未将风险因素纳入评判标准，导致高管和其他涉及风险操作的员工为了巨额奖金抱有赌博倾向——成功了就可以享受大量的年终奖，失败了也不会损失最基本的薪水。正如 Cuomo 所言，"公司业绩好时，他们拿高薪，不好时还拿高薪，再差时，政府付钱给他们"①。对于这种风险与奖励严重不匹配的机制，造成了利益的获取者和风险承担者完全不匹配的局面，所有处在这种激励中的人员都会毫不犹豫地放手一搏，正是众多风险的聚集造成了最终的金融危机，而这样的薪酬激励体系无疑起到推波助澜的作用。因此完善金融机构的激励约束机制，调整薪酬体系将有助于金融机构从源头上控制风险，预防危机。

第二节 金融机构激励机制与社会资本理论

金融业在经济发展中的重要作用不言而喻。然而随着资本市场的过度发展，在信奉市场原教旨主义②的背景下，曾被认为是分配资金最有效的途径的金融市场，如今不再是为实体经济发展服务的工具，而越来越像一个赌场，拿着他人的钱做赌注的赌场。2007年次贷危机损害和侵蚀的不仅仅是经济发展，还有社会对金融业的信心以及社会资本的重要根基。重建社会资本并非强调虚幻的理念，而是从完善金融机构内部公司治理开始做起，薪酬监管即为其中的重要内容。

一、社会资本对金融发展的意义

根据世界银行社会资本协会（the World Bank's Social Capital Initiative）的界定，广义的社会资本是指政府和市民社会为了一个组织的相互利益而采取的集体行动，该组织小至一个家庭，大至一个国家。政治学家Putnam的定义更为广泛地被学界接受，他认为社会资本是指存在于社会中可促使人们能够通过促进合作行为来促进社会效率提升的一种价值观、信念。社会资本主要体现在相互信赖、互惠互利、公民心与社会关系等方面。在Putnam看来，一个依

---

① Cuomo, *The Heads I Win, Tails You Lose*, Bank Bonus Culture, September 2009.
② 市场原教旨主义是指市场可以自动恢复平衡，反对政府以任何方式进行干预。所谓市场原教旨主义，其实没有任何理论和经验的依据，这实际上是人们的一种信仰。

赖普遍信任的社会比一个没有信任的社会更具有效率，因为信任为社会生活增添了润滑剂，正如货币交换比物物交换更有效率一样。正是信任在社会中的普遍确立，才奠定了货币交换替代物物交换这一基础。社会资本中的核心因素是推动金融发展的重要助力，从 Schumpeter（1911）到 Goldsmith（1969）、MaKinnon（1973）、Shaw（1973），再到以 King 和 Levine（1993）为代表的众多经济学家都认为金融发展是经济增长的主要推动力之一，其中 Guiso（2001）认为，"既然金融契约就是一项高信任聚集的契约，那么社会资本对金融市场的发展具有重要影响"。Luigi Guiso、Paola Sapienza 和 Luigi Zingales（2004）曾作过一项定量的研究，通过对意大利相关数据的收集，证明社会资本的发展程度在金融发展中起到不可代替的作用，即使在法律强制力较高的地方，社会资本同样相当重要。[1]

金融的实质就在于以今日的钱财换取一个将来获得更多钱财的承诺。与其说此项交易发生与否取决于契约的法律执行力，不如说更依赖于借贷者对融资者的信任。因此，社会资本作为决定信任度高低的一个重要因素，对金融发展产生着重大影响。金融发展和创新的重要前提就是必须服务于保护整个社会资产这个最根本目标，而通过监管不同的从业者，利用健康稳健的激励措施倡导心存良善的从业行为，进而影响整个金融业的文化。

二、金融业薪酬体系动摇社会资本核心——信任

如前文所言，作为社会资本的重要因素即社会信任，是金融发展的重要基础。危机过后，政府用纳税人的钱拯救高薪行业，给经理人发放巨额奖金，直接导致了民众对金融业的愤怒集中爆发，带来的后果即民众对金融业的信心

---

[1] Luigi Guiso, Paola Sapienza and Luigi Zingales, *The Role of Social Capital in Financial Development*, American Economic Review, Vol.94, 2004, p.526.

骤减,甚至将金融视为"毒药",否定金融对经济、社会发展的作用。特别是AIG由于其旗下的金融期货部门不顾风险赌博惨遭破产危机,依靠政府1 730亿美元的财政援助存活之际,却要将1.65亿美元作为奖金犒赏给部门主管这一事件,无疑在传递这样的信息:金融业赌博和冒险是无须付出代价的。若不对金融业加强监管,尤其是薪酬激励机制的监管,则将破坏社会资本的核心基础,阻碍金融业在社会发展中发挥重要作用。

(一)无法解释的高薪

金融业的薪酬和其他行业的巨大差异引发的争论一直未停止。即使在美国,在人们崇尚竞争、崇尚差异的环境下,奥巴马总统曾说,"我们不贬低财富。我们不妒忌任何人取得成功。几乎所有人都认为那些拥有天赋、努力学习和工作的人应该比那些没有天赋、不努力学习和工作的人挣得多"。在2007年次贷危机之后,"华尔街运动"即是民众表达对贪婪的金融界愤怒的集中体现。尽管拥有高智商和非凡才华的金融家们有着各种优于普通人的特质,但正如Thomas Philippon、Ariell在一份政府报告中表明,"无论是现代科技、教育,还是华尔街失业风险较高等因素,都不能解释这种差距"。[1] 从经济学角度而言,薪酬在市场经济条件下应当主要由劳动力市场的供给关系决定,然而这种荒谬的薪酬差距已然不适用于最基本的工资——劳动力的关系原理。因此在市场机制下的薪酬水平和结构不合理时,需要政府适度规制指引。一方面,银行家们掌控着关键资本,他们利用这些资本参与到虚幻金融的大赌场里,在高风险、高收益的杠杆游戏中永远担任赢家的角色;另一方面,在美国,大规模的金融产业将丰厚的回报用于游说政府降低资本收益税、继承税及最高收入所得税等,造成了资本分配的严重不平等。

---

[1] Thomas Philippon, *Ariell Wages and Human Capital in the U.S Financial Industry:1909—2006*, Working Paper 14644, January 2009.

不合理的激励机制不仅会造成整个金融业的危机，垄断行业的畸高薪酬会阻碍顶尖人才到科学、医学等不同行业。据统计，1970年，只有5%的哈佛毕业生投身金融业，1900年上升至15%，而到了2007年，约20%的男学生和10%的女学生希望其第一份工作是在银行。[①]这种扭曲的激励机制和无法解释的高薪，进一步加剧了金融业与其他行业之间薪资的差距，不利于鼓励人才向实体经济发展的岗位流动。

（二）被逐渐摧毁的信任

金融危机过后，我们发现未受严格监管的金融市场则在摧毁社会资本。金融危机加剧了收入不平衡，削弱了公众对商业的兴趣，创造了历史新高的持续失业率，这一系列负面影响与金融界居高不下的奖金形成鲜明对比。相比于其他公司，金融机构利益相关者对公司治理参与不够充足，机构困境时责任分配机制严重不均衡，这些特质决定了金融机构比一般企业要有更高的自律性及承担更多的社会责任。作为资源配置的核心，尽管受到规制、规范和认知压力的推动，金融机构在某种程度上确实践行了社会责任，但并未将此上升到核心的战略高度，更未将其与金融机构的长期稳定发展相结合。监管不力被认为是诱因之一，但金融机构本身严重缺乏自律性和社会责任心却很少被提及。由于缺乏对债权人和其他利益相关者（如救助失败金融机构的纳税人）的责任心，从而使金融机构和当事人在追求自身利益的时候日益背离了社会价值要求，当每个环节上的私人利益与社会利益相悖的时候，这种力量积聚起来便形成了社会资本的一种灾难性的破坏。以次贷危机为例，商业银行和贷款机构为扩展客户，放松信贷标准；评级机构在对债券评级时缺乏准确性和公正性，把很多潜在风险很大的次级债券评为与政府债券相同的AAA级，对投资者起了恶劣的误导

[①] Ferguson N, *The Ascent of Money: A Financial History of the World*, *Security Strategies Journal*, Vol.34，2008，p.5.

作用；一些抵押贷款经纪人无视借款人的还款能力，并鼓励对现有抵押贷款的过度再融资，甚至教唆借款人以技巧和手段提高信用分数，以轻松获得贷款；投资银行金融学高才生们设计出种种复杂的次级债产品，用复杂的公式和数学模型忽悠大众。每一个环节都只有私利主导行为，没有人将社会资本中重要的信念贯穿其中。

透过现象看本质，金融机构只是一种法律的虚拟，本身是无法作出任何决定的，所有的操作由具体的人作出，而人作出决定的背后有着复杂的因素，其中激励制度就是不能忽视的一个方面。风险的爆发往往由一系列的决定构成，因此很难追究到底谁要为此负责。"对风险的忽视和无法预计"往往成为银行家们为赌博失败最常用的理由。正是金融机构的不合理激励体系让银行家们选择了忽视风险，只关注高回报。不仅如此，薪酬体系是评判员工贡献的标尺（其他非物质的奖励作用无法和薪酬相比），奖惩不一致的激励制度容易营造金融机构甚至整个行业的一种过度风险文化：追求自身利润，忽视对其他利益相关人的责任。因此优化薪酬体系可以引导银行家们在追求利润的同时兼顾到其他利益人，尤其是为金融机构失败埋单的纳税人的利益。

薪酬监管并非意图直接干预市场对人才的定价，或是阻碍正常的市场竞争，但金融行业的薪酬体系已经损害社会资本的根基，深入的改革和监管十分必要。此时，达成对经济生活中的一些重要价值观和信念的共识非常重要，这也是社会资本的重要部分。重建资本要从长远的角度出发，不仅仅是无法看见的信任，而是从当下金融机构内部制度改革和监管开始。正如英格兰银行主席Mark Carney 在会议上所言：包容性和公平性亟须成为未来金融发展的原则：平等的机会，相对公平的结果，可持续性的公平。①

---

① Mark Carney, *Inclusive Capitalism: Creating a sense of the Systemic*, Speech at the Conference on Inclusive Captalism, May 27, 2014.

第三节 现有规则手段的局限——劳动力市场扭曲与公司自治失灵

尽管诸多证据都表明薪酬体系在金融危机中起到了推波助澜的作用，且加剧了社会不平等现象，削弱了公众对金融业的信赖，动摇了社会资本的基础。但薪酬激励机制本属于公司自治范畴，薪酬高低也同样应由人力市场竞争程度来决定。那么为何这两方面都无法解决不当的薪酬激励体系带来的一系列问题？国际监管机构都纷纷强调符合银行的道德价值观、目标、战略及管理环境的稳健薪酬措施应当作为健全公司治理的准则之一。危机过后，不同层面的监管机构都将金融机构薪酬监管作为监管重要内容，这意味着单纯依靠金融机构的公司治理机制和市场调节已经无法解决金融机构薪酬激励体系带来的负外部性问题。以下具体分析之。

一、金融机构公司治理失效

在理解金融机构薪酬制度如何刺激不当行为，引起系统性风险之后，我们不禁要思考为何在风险发生之前，风控部门为何未有效发挥其风险控制职能？董事会在决定薪酬时为何不介入干预进而遏制危机的发生？通过下列分析我们可以看出，金融机构内部的代理问题与其他企业既有共通的问题，又有着其特殊的状况，而中国特殊的体制问题导致的国有金融机构薪酬问题又有所不同。基于有限数据建立的风控模型容易被经理人不合理利用，为了更多的交易也就是更多的奖金，经理人不惜想方设法利用模型为其巨大风险的交易行为提供理论支持。

（一）代理问题在金融机构中广泛存在

金融机构存在广泛的代理问题，涉及的利益主体可能包括股东、债权人、储户、管理人员，以及监管机构所代表的公众利益等。各方的利益目标并非一致，而当某一利益集团不能获得完整信息来指导决策时，该决策权则可能被其他利益集团所代理，代理问题就此产生。主要涉及两个方面：

一是股东与经理人之间的代理问题。我们首先通过薪酬制定的程序来分析股东、经理人之间存在的代理问题。通常，大型的金融机构会通过薪酬委员会制订薪酬方案，且薪酬委员会的成员多为独立董事。理论上，股东通过选出董事会作为代理人监督经理人对金融机构的管理，确保其行为和股东利益保持一致。恪尽职守的董事通常可以督促高管专注于机构的长期利益，但实践却证明，这个理论并不奏效。对于金融机构而言，基于现有的激励机制及有限责任的法律原则，使得董事会由股东选举，但不一定代表董事会将股东利益视为己利，其监督行为会受到多重因素的影响。Lucian Bebchuk 和 Jesse Fried 在其著名的 *Pay without Performance* 一书中就指出，出于各种经济利益和非经济利益的驱动，董事会可能偏向高管一方，或至少选择与其相安无事。管理层对董事会的影响力不可忽略，从薪酬监管设定的程序、社会及心理因素、顾及同袍之谊等多重方面诱导了董事会在薪酬上倾向于管理人的利益，与股东利益有所偏离。经理人由于其自身的影响力反过来对董事会实施压力，例如董事会的提名不可避免地受到经理人倾向的影响。这种压力使得董事会没有动力要保持在较为中立的位置，因为讨好经理人会给董事会自身带来更多的潜在利益。当然，上述的公司治理问题并非仅仅存在于金融机构，其普遍存在于大型上市公司等公司治理问题中。

除了上述原因，董事会为何对金融机构的薪酬制订计划通常表示默许的原因还有金融机构的特殊运作形式。正是介于金融机构的复杂性和运作的不透明性，董事很难评估金融机构资产的性质和质量，不易获取直接反映金融机构业绩好坏的标准。加之薪酬委员会董事很难对风险有透彻的了解并且量化风险，股东们对于薪酬委员会所采取的按照金融交易数量计算薪酬的策略通常采取认可的态度。例如前文所提及的将负责发放抵押贷款的数量作为评估经理人的指标，只会鼓励经理人不计后果地发放更多贷款，而选择对未来的风险视而不见。

二是代理问题，也是金融机构的特殊代理问题。相比于经理人与股东之间的代理问题，金融机构经理人、股东与公众之间的利益冲突问题更应当被关注。为何金融机构的薪酬问题仅仅依靠传统的公司治理理论无法得到彻底解决，其一部分原因就在于金融机构部分股东的风险偏好和公众并不趋于一致。金融机构的特殊性决定了当其经营失败时，所造成的不仅仅是单个机构的损失，还可能对整个金融系统造成冲击。进而影响到实体经济的发展，而为此消耗掉的社会成本的承担者却不是金融机构本身。因而当危机发生时，政府对于系统重要性的金融机构不得不伸出援助之手，首先承担风险后果的是外部投资者和公众，其次才是股东，当然损失最小甚至毫无损失的恰恰是作出风险决策的经理人。正是由于股东责任的有限性和信息的不对称，一些股东在特定情形下会低估金融风险，最终导致金融机构的失败。但随着金融监管界越来越深刻地意识到股东应当承担很多的金融机构责任，股东将更加期待的是金融机构的稳健运行。

在金融机构的公司治理中，稳健合理薪酬体系的目标在于防止内部人的过度冒险行为在侵害到外部投资者及公众利益的同时，激励内部人努力工作。具体而言，激励体系的设计应是减少代理成本，力图在鼓励经理人努力工作的同时，尽量保持其自身利益与金融机构本身利益相一致。而监管部门对金融机构的薪酬监管则是要在通过对金融机构薪酬设计各个环节的监管最大化保证公众利益的前提下，激励市场参与者在有效行为方式下正确度量风险，以减少社会成本。有效的金融机构公司治理框架应是由法律、法规、自监管和商业实践共同构成的有机整体，金融机构不仅仅应当将保护股东利益、提高经济效益作为唯一目标。

（二）金融机构内部风控的失效

金融机构通常都有着非常严格的风控机制，但为何在危机面前仍然显得十分脆弱？当然，有些金融机构确实采取了谨慎的策略，将风险控制在可承受的范围内，并安全渡过危机。例如渣打银行将风险管理作为独立于业务部门之外的控制部门，对银行的风险回报决策质量负责，这也帮助其在危机中渡过难关①。但多数金融机构的风控部门在危机前形同虚设，雷曼兄弟破产前，风控经理在经理人作出决策时甚至连参与权都没有。2007年，执行委员会将风控经理解雇。②曾被认为是风控能力最好的摩根大通倒闭后，其CEO在银行委员会举行的听证会上提到，风控部门基本上无法挑战首席投资办公室交易人员的判断。首席投资办公室的风险委员会结构和风控程序也未能达到应有的正规或强有力的程度。③很多原因造成了风控部门的失责，除了例如风控部门的不独立等制度设计的缺陷外，还有非常重要的潜在因素，即金融机构对风险的过度追逐导致其在高利润面前总有低估风险的倾向。而这种倾向或是金融业文化的形成又与金融机构的薪酬体系设计密不可分。在金融机构，往往是热衷高风险经理人获得的奖金最多，在这样高额奖金的诱惑下，作出决策的经理人是不会对风控人员的建议有所顾忌的，即使知道风控部门给出的意见是正确的。总而言之，在短期高额奖金的回报下，所有人会低估风险，特别是在不用为这样的风险行为承担后果的情景下。

此外，风险模型的滥用也是一个不可忽视的原因。风险模型的局限性不言而喻，仅靠有限的数据基础是无法精准地预测出未来的发展形势的。信用评级机构雇员证实，他们适用的模型均假设房价会持续上升。而现实的情况是，价格先是水平运动——下降——进一步下降。价格下跌的证券持有者发现，之前获得的较高的收益是对证券价格实际存在下跌风险的补偿，在多数情况下，几

---

① http://www.cio360.net/show-69-79544-1.html，2014年3月访问。

② Andrew Ross Sorkin, *Too Big to Fail: The Inside Story of How Wall Street and Washington Fought to Save the Financial System-and Themselves*, New York: Viking Adult, 2009, p.21.

③ 曹弋:《伦敦鲸的覆灭——摩根大通巨亏全解析之WSJ版编年史》，载《华尔街见闻》，2012-06-13。

年的较高回报并不足以完全抵偿损失。①之所以面对这些错误的假设选择视而不见,其原因就在于在短期利润即可带来高奖金的回报下,人们总是在风险面前毫无克制。最重要的是,当整个金融界都使用相似的模型时,其同质性引发的市场波动可想而知。

二、金融业人力资本市场的失灵:声誉惩罚的失效

从理论上来说,金融业机构的经理人(或是其他对金融机构有重要风险影响的操作人员)定价可以由市场来调节,当他们的表现不佳时,其声誉会受到影响,特别在金融人才市场中,很难用量化的标准去衡量人才时,声誉显得更为重要,从而影响到其之后的再定价。按照这个逻辑,经理人通常对待风险会更加谨慎才是,为何危机中的种种现象都表明似乎没人在意风险行为带来的不良后果会给自己造成任何损失?为何人力资本市场在金融领域并没有淘汰那些引发风险的经理人?

一方面,金融机构和市场的复杂性决定了:某项决策的失误乃至金融机构的失败往往不能将责任具体归结于某一个人。也就是声誉评价机制的标准不再清晰。我们从那些华尔街经理人被提起诉讼案件的判决结果中可以窥见一斑。以贝尔斯登的对冲基金经理被诉案件②为例。两名贝尔斯登的对冲基金经理拉尔夫·乔菲(Ralph Cioffi)和马太·塔尼(Matthew Tannin)被控有犯罪意图并合谋误导投资者。两人此前管理着两档基金,大量持有抵押贷款支持证券(MBS),正是对MBS的投资失利,导致这两档基金的投资人损失16亿美元,基金也于2007年6月倒闭。随后,次贷危机的金融海啸全面爆发,贝尔斯登

---

① [美]詹姆斯·R.巴斯(James R.Barth)、小杰勒德·卡普里奥(Gerard Caprio Jr)、罗斯·列文(Ross Levine):《金融守护人:监管机构如何捍卫公众利益》,北京,生活·读书·新知三联书店,2014。

② Case No. 08-CR-415(FB). United Stated of American VS Ralph Cioffi and Mattew Tannin.

破产,并被摩根大通收购。检控方在起诉书引述两人的电子邮件中显示,在危机爆发前,他们知道基金出了问题,但是还告诉投资人不用担心,自己管理的对冲基金财务状况良好。不过,陪审团认为,检控方仅据电子邮件作出两名被告误导和欺骗了投资者的合理怀疑,但并没有确凿的证据来证明。2009年11月,两名被告被判无罪。尽管追究华尔街高管的刑事责任看起来有点过分,但这里折射出的一个问题就是:金融业的复杂性决定了很难将责任归结到某个人或是某个决策上。即使是在美国针对发放过高奖金的"浪费规则"①的适用,且不说经过繁复的司法程序才能实现,也缺乏更多细则性的判断,结果受多方面因素的影响。因而,除去那些违法行为,经理人的过失与声誉很难去评判。

另一方面,金融业的风险特质决定了其更热衷于有冒险精神的经理人。我们从金融机构实施的薪酬制度,特别是"金色降落伞"计划可以看见金融机构对这些CEO的态度。美林公司前CEO赛恩在2007年收入了1 500万美元,贝尔斯登前CEO吉米·凯恩拿到1 100万美元。雷曼兄弟公司的富尔德,在5年的时间里收入5亿多美元。即使上任不到一年,赛恩依然能得到至少970万美元的离职金,吉米·凯恩离职时带走了6 130万美元。当整个金融市场的金融机构都根据短期的业务量或是短期收益来评判经理人是否合格时,就可知在金融行业人力资本市场,怎样的经理人才是最受欢迎的。

由上可知,金融机构的风险倾向所代表的利益集团和监管机构所保护的公众利益并不是一致的,因而依赖人力资本市场的优胜劣汰来实现监管者心目中的合格的经理人筛选是不可能的。

三、完善我国薪酬监管内在动因

我国在金融危机中虽未受到严重的冲击,但随着金融市场的逐步开放以

---

① Supreme Court Rogers v. HILL,289 U. S. at 584 – 586(1933)案件确立的浪费原则是指奖金实质上和结果上构成对公司财产的掠夺和浪费,因而此类奖金是不合理的,应当返还给公司。

及全球金融一体化的趋势不断强化，中国将不可避免地受到全球金融发展状况对自身的经济发展、社会稳定造成的影响。尽管目前我国并未发生大规模的金融危机，但鉴于金融的本质是相同的，我们也有必要居安思危，未雨绸缪。在2011年至2015年中国"十二五"规划期间，保障和改善民生已明确作为加快转变经济发展方式的根本出发点和落脚点。不合理的收入分配方式已上升为国民经济和社会发展不得不突破的瓶颈。中国金融业当前的薪酬分配机制早已引发广泛质疑，对其进行制度调整势在必行。我国金融业在2013年《中共中央关于全面深化改革若干重大问题的决定》已被解读为"竞争性"行业，金融机构将逐渐面临市场化竞争,其依靠国有性质占据垄断地位的优势也将逐步消退。这意味着国内的金融机构将面临全球化的竞争，成为真正的市场主体。在政府和国家的信誉不再成为所有金融机构隐性担保的情况下，加强对金融机构公司治理的监管意义更为重大。同时，我国若想在全球金融一体化竞争的舞台上占有一席之地，提高国内的金融机构风险管理能力也十分必要。因此在我国金融机构的国际化水平不断提高、业务逐步升级开放之际，更有必要汲取西方金融监管的经验，结合国内具体情况防范系统性风险的爆发。除此之外，具体到国内的情况，还有以下因素促使我国有必要引导和监管金融机构完善其薪酬激励体系。

（一）保护公众利益的法律诉求

与非金融机构不同，金融机构高管的行为不仅关乎股东利益，还与存款人及为失败金融机构埋单的纳税人息息相关。自从1995年中银信托被接管以来，多家金融机构陆续陷入困境，依靠国家财政的支持采取了关闭、充足或合并的市场推出模式。在国内，政府的隐性担保更加"深入人心"，公众很自然地认为银行是"安全的"，这意味着国内的金融机构有更大潜在的道德风险。而当金融机构得到救助时，这些资金的来源是广大纳税人的钱，而导致金融机构因过度风险行为造成金融机构陷入危机的决策者们却并不因此承担任何责任。备受瞩目的平安保险董事会长马明哲 6 000 万元年薪引发国内对金融界薪酬的讨论，2007 年的年报显示，马明哲和孙建一税前奖金总计 8 430.8 万元，与其天价年薪形成反差的是：2007 年 10 月以来，平安 A 股的价格暴跌，市值缩水近 2/3，2008 年平安由盈利到亏损，但丝毫没有影响到高管们的高薪。[①] 平安集团的公众形象快速跌落，严重打击了公众对金融市场的信心。不仅如此，金融业过高的薪酬导致其公平性也备受质疑，其高管薪酬水平要远远高于其他行业，基本上包揽了高管薪酬排行榜的前五名，例如 2007 年薪酬最高的 5 家——中国平安、深发展 A、民生银行、中国银行和中信银行都是金融行业的上市公司，而其高管薪酬更是达到了 4 733.17 万元、1 019.33 万元、805.30 万元、521.43 万元和 511.57 万元。另外，表 1.1 结果还显示，尽管在监管部门出台了一系列的限薪举措后，金融行业的高管薪酬水平有了明显下降，但总体来说，薪酬最高的上市公司还是以金融行业居多。

表 1.1　高管薪酬最高的 5 家上市公司（2007—2012 年）　　单位：万元

2007 年	2008 年	2009 年	2010 年	2011 年	2012 年
中国平安	中国平安	中国平安	中国平安	中信证券	万科 A
4 733.17	1 110.72	1 643.92	887.56	842.88	1 022.67
深发展 A	民生银行	深发展 A	广发证券	深发展 A	中国平安
1 019.33	782.56	859.33	684.57	641.00	835.24
民生银行	深发展	民生银行	民生银行	万科 A	方大特钢
805.30	771.67	513.49	579.23	564.33	776.49
中国银行	中国银行	中国太保	万科 A	广发证券	平安银行
521.43	592.63	462.10	506.67	552.11	652.67
中信银行	招商银行	万科 A	深发展 A	中集集团	中集集团
511.57	527.46	400.23	501.33	529.68	589.73

---

① 袁峰：《基于公司治理视角的财务风险监控机制——美国金融危机引发的思考》，载《中国管理信息化》，2010（3）。

作为银行公司治理机制的重要部分,促进和完善金融机构薪酬体系的主要责任在于银行董事会和高管,但金融机构高管及部分股东可能低估风险,并使范围更广的经济领域承担过大风险,这将造成社会成本的严重浪费,并增加金融的脆弱性。因此有必要通过外部干预让金融机构承担自己造成的风险和后果。我们从全球监管的趋势可发现,监管机构建立的最低原则或指导意见对金融机构完善自身的管理起到相当重要的作用。1997年OECD在其颁布的一整套公司治理标准中就曾指出,有效的金融监管需要确保每一个从事银行活动的公司都处于有效的公司治理之下[①]。巴塞尔银行监管委员会作为全球重要金融监管机构,多次颁布银行公司内部治理的准则,其中重要的几份文件《银行业组织内部控制系统框架》《加强银行透明度建设》及《加强银行公司治理的原则》都强调了对于健全的公司治理应当采用的基本战略和技术方法。可见,在金融监管领域,公司内部自治问题早已被提出,并且被认为可以通过法律的方式促进金融机构的公司治理。将国际监管原则的最低标准适用于国内金融机构时必须充分考虑到现有的法律体系、金融市场特殊风险状况等。

关于高管薪酬的相关法律并非是一片空白,之所以强调我国依然需要完善相关薪酬监管方面的法律,是因为现有法律的出发点和保护利益的重点与薪酬监管有所不同。《公司法》第五条规定了金融企业的公司经营应合乎道德,承担社会责任,第十一条规定了高管的赔偿责任。除此之外,《公司法》第一百五十二条还赋予股东代表诉讼制度。从直接规制薪酬角度出发,现行高位阶法律除《公司法》外,《中华人民共和国证券法》(以下简称《证券法》)也有涉及。《公司法》第四十九条规定董事会决定聘任或者解聘公司经理及其报酬事项,并根据经理的提名决定聘任或者解聘公司副经理、财务负责人及其

---

① OECD, *The OECD Principles of Corporate Governance 1999*.

报酬事项；第一百一十七条规定公司应当定期向股东披露董事、监事、高级管理人员从公司获得报酬的情况。《证券法》第六十一条要求股票或者公司债券上市交易的公司在其信息披露的年度报告中应包含董事、监事、经理及有关高级管理人员的简介及其持股情况。尽管已有法律约束高管的行为以及为股东提供救济途径，但不难发现《公司法》关注的重点在于作为代理人的高管和董事，其行动应当以股东利益为出发点，价值在于减少因为监督管理者机会主义行为而造成的交易费用。《证券法》的价值则在于要求信息的强制披露帮助投资者减少交易费用，保护投资者的利益。但金融机构有着其他公司不具有的特质，当其面临危机时，需要承担后果的不仅仅是股东和投资者，还有广大无辜的纳税人。从股东角度来看，银行高杠杆率的资本结构已经决定了股东的冒险倾向：银行资金更多的来自作为负债的存款，股东冒险的代价较小，倾向于承担更高的风险。尽管股东们不希望高管从事过度冒险行为，但不可否认的是股东们对风险的评估和市场前景的预测其实和高管们往往很相似。加之，我国大型金融机构多以国企为主，其所有者缺位更是导致了形式上的所有者没有足够的动力去关注金融机构的长远发展。现存法律未能从这个角度考虑到所有利益相关人的权益。除此之外，金融机构的薪酬问题不仅仅涉及高管，一些非高管但和机构风险息息相关的员工也应纳入规制范围。可见，金融机构特殊的风险特质决定了其薪酬体系有别于其他公司，现有的相关法律已然不能兼顾这些特殊因素从而对其规范。

在薪酬监管的相关国际规则大量出台之际，我国也对此作出了回应，从2009年起各监管机构相继发布了国内的"限薪令"，形成了我国金融机构薪酬监管基本法律框架。财政部在2009年初发布了《关于国有金融机构2008年度高管人员薪酬分配有关问题的通知》（以下简称《通知》），明确国有金融机构在清算2008年度高管人员薪酬时，按不高于2007年度薪酬90%的原则确定；随后，财政部2010年发布《中央金融企业负责人薪酬审核管理办法》①，规定金融企业负责人的绩效年薪控制在基本年薪的3倍以内；银监会2010年发布《商业银行稳健薪酬监管指引》②，规范了国内依法设立的吸收公众存款、发放贷款、办理结算等业务的企业法人，涉及全部员工的薪酬结构、薪酬管理、薪酬支付和薪酬监管几个方面；保监会先是对国有保险公司负责人薪酬进行了一次全面检查，并发布了《关于保险公司高级管理人员2008年薪酬发放等有关事宜的通知》，2009年正式建立了保险公司治理报告制度，将高管人员薪酬情况纳入报告内容，2012年颁布《保险公司薪酬管理规范指引（试行）》。③2014年银监会办公厅针对信托业的风险管理出台了相关的指导措施意见，其中要求信托公司建立"激励性薪酬延付制度（与风险责任和经营业绩挂钩的科学合理的薪酬延期支付制度）"。④同年8月，中央全面深化改革领导小组第四次会议审议了《中央管理企业主要负责人薪酬制度改革方案》强调要健全中央管理企业负责人薪酬分配的激励和约束机制，并且明确坚持分类分级管理，建立与中央企业负责人选任方式相匹配、与企业功能性质相适应的差异化薪酬分配办法，严格规范中央管理企业负责人薪酬分配。可见，我国已逐步形成了金融业薪酬监管框架，在银行业、保险业、信托业都出台了相应的监管规则，国有金融机构的高管薪酬更是面临严格的限制。尽管我国顺应了国际监管趋势，为我国深入薪酬监管改革提供了法律依据，但与其他国家（地区）对这一领域的改革深入和细致程度相比，还有很大的差距。

（二）遵守和汲取国际监管规则，建立协调统一立法

在国际监管机构陆续出台各项薪酬监管标准之际，国际金融的重要参与国

---

① 财金〔2010〕10号。
② 银监发〔2010〕14号。
③ 保监发〔2012〕63号。
④ 银监办发〔2014〕99号。

均纷纷作出立法回应。以欧美为例，我们可以看到拥有较发达金融市场的国家如何将国际监管标准以不同形式转化为国内监管规则，以期对我国如何借鉴和转换国际原则到国内标准有所启示。

美国通过国会立法形式确立了相关规则，如 *Emergency Economic Stabilization Act of 2008* 中 SEC. 111 限制参与 TRAP 金融机构可能出现的"金色降落伞"的补偿费。这种限制则又通过两项税法的修改来完成：一是修改了国内《税收法典》第 162（m）项；二是修改了国内《税收法典》第 280G 项。其中《税收法典》第 162（m）项的修改是将原来的 100 万美元的限度减为 50 万美元，超过的部分要交税。《税收法典》第 280G 项的修改规定是，如果在该法实施期间对法定的行政官员所支付报酬等于或者超过行政官员规定期间的平均年薪的 3 倍，超过部分不但不能对雇主进行扣减，还要遵守《国内税法》第 4999 条的规定征收 20% 的消费税。在法律要求的 5 年期结束后，由 TARP 对纳税人所欠的净费用，总统可向国会提交一个向金融业追偿净损失的立法建议。[①]

CRD Ⅲ 是在欧盟法律框架内执行《巴塞尔协议》对银行的监管要求，特别是薪酬相关的限制，以指令高阶位的立法形式使其更具有权威性和强制力。随后，欧盟为了使成员国更好地实施该指令，又陆续颁布配套的实施指导意见，形成了完整的薪酬监管框架。成员国又在欧盟统一的监管框架内建立了各有特色的薪酬监管法律体系，表 1.2 即是其中一些国家的立法形式。

---

① SEC. 134 of EES Act.

第一章 金融机构薪酬监管必要性

表1.2 域外薪酬监管立法形式

	英国	瑞士	荷兰	法国	比利时	德国	丹麦	波兰
法令			Decree on remuneration controlled Remuneration Policy	Decree of amending regulation of No.72 on internal control of credit institutions, 2010	Royal Decree of 22, Febuary 2011 approving the CBFA Regulations and amending the Banking Law	Ministry of finance, ordinance on Remuneration in Financial Institutions (10.2010)		
法律						Amendments to the German banking Act 2010	Bill on Remuneration policies in financial (2010) Amendment to the Dansish Financial Bussiness Act	Amendment to the Banking Act and the Act in Trading in Financial Instrument (2011)
监管规则	FSA, Reforming Remuneration Practices in Financial Services 2009; FSA, Remuneration Code 2010	FINMA, Minimum standards for remuneration schemes of financial institutions, 2010.	DNB, Regulation on Controlled Remuneration Policy (2011)			BaFin, Regulation in supervisory requirement for institutions Remuneration system.2010	Bank:Resolution by Financial Supervision Authority Brokers: Regulation by the Ministry of Finance	

053

我们不难发现，从监管路径来看，欧美国家通过修改现有法案，或是制定新的法律法规将国际标准融入国内的薪酬监管体系中，既考虑到国内现有法律体系和自身金融发展的特殊性，又确保了这一新的监管规则的权威性。

作为 G20 的成员国和国际金融市场的重要参加者，我国有必要遵守国际监管规则。反观前文所列国内目前的规则体系，不难发现所有薪酬规范文件由不同的监管机构都以"通知""指引"等规范性文件的法律形式颁布，所涉及的监管对象既有互相重叠矛盾之处，也有监管真空。诚然，规范性文件填补了我国相关法律制度的空白，应对了新的问题，使得监管"有法可依"，但仅从薪酬监管的法律体系来看，就出现了缺乏连贯性、一致性、条理性的问题。规则之间也缺少逻辑性，如未能恪守上位法优于下位法、后法优于前法及同位法之间相协调之原理等。再如财政部要求国有金融机构遵循相关规则，但同时银监会、保监会监管对象中又未区分国有与非国有，这将导致国有金融机构要遵循不同的规则，造成金融机构丧失了对其行为应有的法律预期与自我评价，削弱与破坏了法律的权威性，影响其实施效果。薪酬体系的建立涉及公司自治，而我国现行《公司法》相关规定并未有相同的限制。因此如果要保持和上位法的一致性，由规范性文件构成的监管框架显然与此背离。我国目前实施分业监管，各监管部门之间的互相协调、充分沟通和保持监管规则的统一性显得格外重要。《中华人民共和国中国人民银行法》赋予中央银行维护金融稳定的权力，尽管只是原则性的规定，但在现有法律框架内，可由人民银行制定法律规则，这个规则可以是原则性和最低的标准。在此基础上，各监管部门在中央银行的协调下根据本行业的具体情况，制定部门规章，提高立法质量，增强法律的稳定性和权威性。

第四节　金融机构薪酬监管立法目标

薪酬监管在复杂的背景中推出，有对金融危机、金融机构公司治理的理性反思，也有强大舆论压力的推动，同时也不可避免地受到政治层面的影响。然而作为独立的监管政策，薪酬监管的最终目标是维护金融市场长期稳健运行，而非政治工具。明确可行的监管目标不仅在制定规则阶段可以做到有的放矢，还可以约束监管者站在保护公共利益的立场上，将保持金融稳定与保护金融消费者权益的理念贯彻在监管过程中，不断评估监管措施的有效性，对相应的监管方式作调整。

一、明确、法定化的监管目标意义

强调制定明确的监管目标，主要有两方面的意义。对于监管者本身而言，明确的监管目标是确定监管范围、制定监管工具、定期评估监管效果等一系列监管措施的前提和标准。我国实行的是行业监管，从目前不同监管部门发布的与薪酬相关监管法律内容来看，存在着一个较大的问题即监管真空和监管重复的问题，然而造成这一现象的原因不仅仅是监管部门之间的协调和沟通未能做好，还有更深层次的原因在于各监管部门对颁布薪酬监管法律、政策的真正目的未能达成统一深刻的认识。因此建立我国完善的金融业薪酬监管框架的前提是达成统一明确的监管目标。具体而言，明确的薪酬目标可以帮助监管机构确立合理的监管范围，不同国家/地区的金融发展水平有所区别，同一地区的不同类型的金融机构发展程度与其业务范围、规模大小、国有化程度都有所关联，在金融监管领域，系统重要性机构通常接受更为严格的监管标准，那么标准的制定与适用上是否要区别对待——取决于薪酬监管的功能和目标。[①] 若是出于

---

① FSF, *Principles for Sound Compensation Practices*, April 2009, p.1.FSB 也强调大型的系统重要性金融机构可以考虑适用更为严苛的规则。

金融稳定的目的，系统性重要金融机构应当重点考虑，而若是侧重考虑到社会公平、国有金融机构特殊属性等因素，那么监管对象又将有所区别。不仅如此，监管目标的明确也可以帮助我国在不同监管机构达成共识和统一标准也有所帮助，目前我国参与制定薪酬监管法律法规的有财政部、银监会、保监会，中共中央政治局通过了《中央管理企业负责人薪酬制度改革方案》后，将有更多机构介入到央企的薪酬制定管理中。由于不同机构的职能不同，对金融机构的薪酬相关信息的理解掌握也不同，在制定规则和执行规则时造成了监管真空与重复，难以构建有效的监管体系。因而，统一的监管目标益于构建更加完善的监管体系。

此外，明确、法定化监管目标另一重要的意义即是约束监管者本身。作为监管者本身，并不意味着其天然就会站在公共利益的立场。由于现存很多因素都会诱使监管机构的行为偏离公众所期待的角色行为[1]，其本身就应被制约和监督。例如，在国内，许多监管部门官员选择去商业银行任职，获得丰厚的薪酬待遇，有政府背景的监管系统官员也是银行业"独董"的最佳人选。2013年以来，银监会已经有多位司局级官员到金融机构担任高管。[2]基层银监局的人士大都去向本地的金融机构，尤其是股份制银行和地方性银行也愿意找监管人士任职，一是监管部门的人熟识监管知识，有很高的业务水平；二是他们有一定的政府背景，利于金融机构的发展。由此可见，监管机构官员的私人利益有潜在的可能和公众利益发生偏离的机会。即使有运行良好的民主体系，可能也无法杜绝监管机构的腐败问题。制定明确的监管目标有利于公众对监管机构制定的一系列的监管政策进行评估和反馈，更重要的是提供一个标准给公众去

---

[1] [美]詹姆斯·R.巴斯、小杰勒德·卡普里奥、罗斯·列文著，杨农、钟帅、靳飞译：《金融守护人：监管机构如何捍卫公众利益》，43页，北京，生活·读书·新知三联书店，2014。
[2] 洪偌馨、李静瑕：《这些年"下海"的银监系官员：哪些人最受欢迎》，载《第一财经日报》，2014-09-01。

评断其监管措施是否合理,与法定的监管目标是否一致,督促监管部门依法监管,保证其始终代表公众利益。

二、我国薪酬监管目标探究

从我国目前的法律法规体系来看,并没有形成完整的监管框架,从表 1.3 可见不同监管机构在不同时期的薪酬监管目标是不同的。

表 1.3　　　　　　　　　　　　国内薪酬监管法定目的

法规名称	目标	出台时间
财政《关于国有金融机构 2008 年度高管人员薪酬分配有关问题通知》	党中央、国务院要求深刻认识国际国内经济形势的严峻性和复杂性,增强危机意识和忧患意识,共克时艰	2009
财政部《中央金融企业负责人薪酬审核管理办法》	加强对金融企业的财务监管,建立有效的金融企业负责人激励与约束机制,促进金融企业规范经营、健康发展和国有资产保值增值	2010
银监会《商业银行稳健薪酬监管指引》	充分发挥薪酬在商业银行公司治理和风险管控中的导向作用,建立健全科学有效的公司治理机制,促进银行业稳健经营和可持续发展	2011
保监会《保险公司薪酬管理规范指引(试行)》	为加强保险公司治理监管,健全激励约束机制,规范保险公司薪酬管理行为,发挥薪酬在风险管理中的作用,促进保险公司稳健经营和可持续发展	2011
银监会办公厅《中国银监会办公厅关于信托公司风险监管的指导意见》	为贯彻落实国务院关于加强影子银行监管有关文件精神和 2014 年全国银行业监督管理工作会议部署,有效防范化解信托公司风险,推动信托公司转型发展	2014

尽管这些文件都涉及金融机构的薪酬问题,但与国际薪酬监管规则的要求还有很大的距离,其中一个问题即国内监管机构虽然顺应了国际监管趋势,但并未脱离限制薪酬的枷锁。

巴塞尔银行监管委员会认为薪酬监管的目的在于监管金融机构建立稳健

的薪酬体系，防止银行员工实施过度风险行为，风险来临时以便有更好的资本去抵御风险①。英国FSA将其薪酬政策的根本目标定为通过消除不恰当冒险动机以维护市场信心，提高金融稳定性，最终达到保护金融消费者的目的②。CEBS将薪酬监管作为有效的风险管理措施之一来对待，认为好的薪酬体系应该是将薪酬与金融机构长期风险和业绩紧密挂钩③。国际监管规则是基于金融业特殊的风险周期、薪酬与风险之间的密切联系而制定的，最终目的在于维护金融市场的平稳发展，促进经济增长。

再回到我国的金融机构激励体系，尽管国内的金融发展程度还不能与发达国家并行，薪酬的绝对值水平与国外金融机构高管更是有很大差距。但我国的金融业有特殊的发展状况，这也是在制定薪酬监管时不得不面临的问题：国内金融业尚未完全开放，与国外成熟资本市场相比，市场化程度还不是很高。国内大型的金融机构以国有性质为主，且国有金融机构的高管任职多通过行政化途径实现。这就意味着财政部和国资委对国有控股金融机构的监管（更多的是限制薪酬水平）更侧重于满足因国有垄断企业相伴的高管特殊身份和畸高收入引发的社会舆论诉求。由财政部出台的文件可以看出，其目标的制定虽然考虑到金融行业的特殊性，但更多的是从金融机构本身的国有性质带来的社会影响出发，力图通过立法使高管薪酬合理化，缩小与其他行业及平均薪酬的差距，平复民众不满情绪。如"增强危机意识和忧患意识，共克时艰""实现国有资产保值增值"等都体现了这层目的。相比之下，银监会、保监会的薪酬监管规则与国际监管规则的理念更为接近，尽管其规定的深度与广度尚不能和欧美国家相比，即将金融机构，甚至金融系统的风险控制作为根本目的。那么我国金融业的薪酬监管目的应当为何？这两者是否可以有机统一？

① FSF, *Principles for Sound Compensation Practices*, April 2009, p.1.
② FSA, *Reforming Remuneration Practices in Financial Services*, August 2009, p.6.
③ CEBS, *Guidelines on Remuneration Policies and Practices*, December 2010, p.9.

尽管我国金融业发展尚未完全开放，竞争不够充分，但金融业的薪酬激励体系已经日益与国际靠拢，潜在的问题也同样存在：重量不重质的薪酬标准刺激了风险的过度增长。仅仅依靠对国有金融机构高管薪酬的限制并不能有效助于维护整个金融业稳定，一些在金融系统中越来越重要的金融机构已经不完全属于国有性质，例如中国民生银行，即属于"非公有制企业入股的全国性股份制商业银行"，同时又是严格按照《公司法》和《中华人民共和国商业银行法》建立的规范的股份制金融企业。多种经济成分在中国金融业的涉足和实现规范的现代企业制度使中国民生银行有别于国有银行和其他商业银行"。[①] 以及当初引发对金融机构高管薪酬热议的平安集团，并非完全国有。但不论国有与否，从监管角度而言，最终的监管目标都应当是统一的：将高管或其他风险承担者薪酬与机构长远风险挂钩，抑制过度风险行为，防范因单个机构风险引发的金融危机。

---

① 参见中国民生银行官方网站：http://www.cmbc.com.cn/，2014年9月访问。

第二章
薪酬监管适用对象

在 2008 年国际金融危机过后，金融界失败的薪酬激励体系被诟病时，最直接的矛头指向引发金融危机"导火索"的投行高管。薪酬监管此阶段通常被狭义地理解为对银行高管薪酬的限制，是用来平息民愤的政治手段。随着监管当局及学界对"限薪"议题讨论的深化，薪酬监管的各项规则逐渐趋于理性和完善，更加符合监督金融机构制定稳健薪酬政策，维护金融体系安全之目的。不仅仅是银行，从金融危机中观察到的其他金融机构也存在着过度激励的问题，加之每个国家或地区的金融发展程度及法律制度存在差异，金融机构类型及发展状况也有很大的差别。国内法律应当提供明确的标准，界定适用薪酬监管的金融机构。最值得关注的是，不同于以往的高管薪酬研究对象，鉴于本书很大程度从风险控制角度研究薪酬，"对金融机构风险状况会产生重大影响的关键岗位人员"[①]作为之前在相关薪酬研究中未被关注过的群体，在此同高管一样被视为监管规则适用的对象。

---

① FSB 最初的薪酬监管原则明确了高管和"对金融机构风险状况会产生重大影响的关键岗位人员"是薪酬监管规则的适用者。

第一节 金融机构

以何种标准确立哪些金融机构应当受到薪酬监管规则的调整,学界似乎从来没讨论过。笔者认为,从监管的必要性、法律执行的效果以及监管成本等因素考虑,适用薪酬监管规则的金融机构应当符合因其存在薪酬过度激励可能导致机构经营失败进一步造成系统性风险的这一特征。我国实行分业监管,对银行、保险机构、证券及信托行业目前已有相应的法规条例,但存在着对适用对象规定有所重叠和遗漏、标准模糊不清等诸多问题,急需法律进一步规范和完善。

一、域外法律考察——以 G20 国家为范本

全球最具有影响力的金融监管规则制定机构 FSB 在其《薪酬监管指引》中建议该规则主要适用于"重要金融机构"(Significant Financial Institutions),尤其是大型系统重要性金融机构,但未具体指出包括哪些类型的金融机构。巴塞尔银行监管委员会在 2011 年统计了其成员国(地区)薪酬监管指引适用机构的范围后,[①] 发现超过 1/3 的国家的法律(广义的法律,包括监管规则)将银行作为唯一适用对象,包括阿根廷、巴西、中国、印度尼西亚、墨西哥、俄罗斯、南非、沙特阿拉伯、西班牙、美国。英国仅对住房互助会及投资公司进行薪酬监管。剩余国家中除卢森堡外,均将保险公司纳入监管范围,比利时、卢森堡、瑞典还将投资公司和资产管理公司纳入监管对象。多数国家对适用规则的金融机构规模或其他条件作出了限定:阿根廷只针对存款比例超过 2% 的银行监管,巴西、瑞士对超过一定资本金(高于 10 亿雷亚尔和 200 万瑞士法郎)的银行、保险公司监管,德国、日本、意大利虽未具体规定适用银行的资本金

---

① Basel Committee Banking Supervision, *Range of Methodologies for Risk and Performance Alignment of Remuneration*, May 2010, Aentex1, pp.44–45.

规模大小，但强调主要适用于大型银行，美国和新加坡则是对银行地域性作了限定，分别是隶属美联储监管的银行机构和本地注册的银行及资产大于5亿新币的保险公司。但笔者在2015年重新统计了G20所有国家和地区薪酬监管规则的适用金融机构情况后发现，多数成员国或地区都在不断调整、完善监管规则，且扩大了监管对象范围，呈现出对系统重要性金融机构愈加严格的监管趋势[1]（见表2.1）。

表2.1　G20国家和地区薪酬监管规则名称及适用对象

国家/地区	法规名称/实施年份	适用金融机构	补充
阿根廷	Communication "A" 5201- Section 6-（2011）	银行	市场存款份额超过2%的银行
澳大利亚	Prudential Standards on Governance.（2012）	授权存款机构及外国授权存款机构、非经营性控股公司、保险公司（包括人寿保险公司）	归APRA（澳大利亚审慎监管局）监管的银行、保险公司
巴西	Resolution 3921/2010.（2010）	银行	
加拿大	OSIF, Guideline on Sound Compensation Practices（2013）	银行、人寿保险、财产和意外保险公司、贷款公司	加拿大联邦政府监管的金融机构[2]
法国	Ordinance 2014-158 of the 20/02/2014（2014）Circular 2014-I-13 of the 29/09/2014 on the reporting of remuneration data	银行、投资公司	重点监管系统重要性金融机构

---

[1]　金融稳定委员会定期对成员国实施薪酬监管规则的情况进行评估，在2014年底的第三次评估报告中提到该规则呈现出"适用更多银行外金融机构的趋势"，特别是保险机构。可参见FSB, *Implementing the FSB Principles for Sound Compensation Practices and their Implementation Standards*, p.8.

[2]　加拿大银行业和保险业主要由联邦政府和省政府监管，OSIF（Office of the Superintendent of Financial Institutions）是执行监管责任的联邦政府机关。

续表

国家/地区	法规名称/实施年份	适用金融机构	补充
中国香港		所有银行业法中规定的授权机构①	业务类型复杂且以激励性薪酬为主的大型金融机构需要更加严格监管
印度	Guidelines on Compensation（2012）	私营部门（Private sectors）、银行	可能引起系统性风险的大型金融机构
Indoesia	BI Regulation on Good Corporate Governance for Commercial Banks 及相关补充②	商业银行	
意大利	2014	上市公司、上市银行	
瑞士	Remuneration Circular and Related Supervision Regulation	银行、券商、金融集团，保险公司（集团）	被相关法律要求保持权益资本在200万瑞士法郎的特定机构
日本	2012	银行、证券公司	大型银行和已公布资本充足率的大型证券公司
韩国		银行、保险公司、投资公司、金融控股公司	
墨西哥		银行、证券经纪商及其他受到监管的非银行机构	
荷兰	Regulation on Sound Remuneration Policies under the Wft 2014	投资公司、清算机构、特别目的公司、银行、保险公司保费为基础的养老金提供机构（premium-based pension providers）③	

---

① 中国香港实施银行三级制，即持牌银行、有限制牌照银行及接受存款公司，这三类机构在香港实施银行三级制，即持牌银行、有限制牌照银行及接受存款公司。

② Amendment to BI Regulation on Good Corporate Governance for Commercial Banks BI Regulation on Assessment of Soundness Level for Commercial Banks BI Regulation on Designation of Status and Subsequent Supervisory Actions for Commercial Banks.

③ 2014年荷兰缩小了金融机构范围，即将 Pension funds 移出适用范围。

续表

国家/地区	法规名称/实施年份	适用金融机构	补充
俄罗斯	Federal Law No 146-FZ of July 2, 2013 "On Amendments to Certain Legislative Acts of the Russian Federation"①	银行	区别对待系统重要性银行
Saudi Arabia	Rules on Compensation Practices（2014）		
新加坡		银行、金融控股公司、直接保险公司、再保险公司②及资产保险公司	在新加坡注册的金融机构
南非			
英国	2015 Reforming remuneration practices in financial services（August 2009）	隶属FSA监管的银行及住房互助会，且满足下列任一条件：总监管资本超过十亿英镑；作为总资产超过二十亿英镑（或国际）集团一部分；以及总监管资本超过七十五千万英镑FSA监管的BIPRU 730k firms	
美国	多德—弗兰克法案	存款机构和存款机构控股公司；注册的经纪交易商；注册投资顾问；信用社；房利美和房地美，以及有关监管部门共同确定应包括在内的任何其他金融机构	

---

① Federal Law No 86-FZ "On the Central Bank of the Russian Federation（Bank of Russia）", July 10, 2002, Article 57.3.

② 直接保险是指保险人向公众和非保险企业销售的各类保险，包括人寿保险和非人寿保险。提供直接保险的保险人成为直接保险人、原保险人或分出人，收取的保费成为直接保险费。再保险是由直接保险派生出来的，再保险是指直接保险人将自己承保业务的一部分再次投保。

依据G20国家（地区）相应立法趋势，可以发现其中一些共同的特点：

1. 考虑到除银行外的金融机构对系统性风险的潜在影响。

2. 资产的规模通常被作为区分系统重要性大型金融机构与其他金融机构的标准。

3. 区分境内和境外的注册金融机构，但并未详细地说明对境内注册的金融机构域外的分支机构以及域外注册的金融机构在境内的分支机构应当如何适用。

4. 同时均未具体说明监管规则适用到哪个层面的金融机构。

此外，需要特别说明的是：由于监管制度的差异，相同金融机构（如银行）在不同地域被允许开展业务的范围也有所不同，在学习域外经验时要综合考虑其法律制度环境，不能仅凭法律表述层面得出结论。鉴于此，欧盟的立法方式提供了一些可行的经验。由于欧盟内部国家之间的金融市场和机构发展程度有所不同，薪酬监管相关法律通常以"指令"形式出现，意味着成员国适用指令时可以结合自身情况不同程度地转换为国内法，关于何种程度适用欧盟指令的原则性规定也一直是争论的焦点。欧盟委员会为此建议：成员国应当将薪酬指导原则运用到以下列业务为基础的金融机构：（1）接受存款和其他可偿还基金；（2）提供投资服务，或本身进行投资行为；（3）涉及保险或是再保险业务；以及从事类似上述业务的金融机构，包括但不限于信贷机构、投资公司、保险与再保险机构、退休基金和集合投资公司。[①] 这种依据基础业务界定适用薪酬监管金融机构的方式给我们一个启示：关注金融机构核心业务是否可能会带来系统性风险，将此作为监管当局考虑是否将其纳入监管范围的重要因素十分必要，这也与本书提出的思路相似：通过考察本国不同类型金融机构业务及激励

[①] European Commission, *Commission Recommendation on Remuneration Policies in the Financial Services Sector*, April 2009, Section 2.1–2.4.

机制，分析是否可能会对金融系统造成风险，将其作为重要参考标准。

二、国内相关法律制度安排及缺陷

（一）法律规定

金融机构是一个非常广泛的概念，包含金融行业相关的各类企业，既有以商业银行、保险、证券公司为代表的大大小小将资金运作为主营业务的金融机构，也包含了金融控股公司、为金融行业提供服务的法律、软件、咨询等服务类企业。本书主要指前一类。中国人民银行2010年发布的《金融机构编码规范》将金融机构进行了梳理，从宏观层面将国内金融机构分为九种类型，其中货币当局、监管当局和交易及结算类金融机构不属于[①]本书探讨的金融机构范畴，剩余七类分别是：

银行业存款类金融机构：银行、城市信用合作社（含联社）、农村信用合作社（含联社）、农村资金互助社、财务公司。

银行业非存款类金融机构：信托公司、金融资产管理公司、金融租赁公司、汽车金融公司、贷款公司、货币经纪公司。

证券业金融机构：证券公司、证券投资基金管理公司、期货公司、投资咨询公司。

保险业金融机构：财产保险公司、人身保险公司、再保险公司、保险资产管理公司、保险经纪公司、保险代理公司、保险公估公司、企业年金。

金融控股公司：中央金融控股公司、其他金融控股公司。

新兴金融企业：小额贷款公司、第三方理财公司、综合理财服务公司。

而目前，根据现有的法律规则，下列金融机构在薪酬监管范围之内，具体

---

① 货币当局：中国人民银行、国家外汇管理局；监管当局：中国银行业监督管理委员会、中国证券监督管理委员会、中国保险监督管理委员会；交易及结算类金融机构：交易所、登记结算类机构。

如表 2.2 所示。

表 2.2　　　　　　　　国内监管规则适用对象规定

法规名称	适用对象
财政《关于国有金融机构 2008 年度高管人员薪酬分配有关问题通知》	国有金融机构高管
财政部《中央金融企业负责人薪酬审核管理办法》	国有金融企业负责人[①]
银监会《商业银行稳健薪酬监管指引》	国内依法设立的吸收公众存款、发放贷款、办理结算等业务的企业法人全部员工
保监会《保险公司薪酬管理规范指引（试行）》	所有中国境内依法注册的保险公司、保险集团公司和保险资产管理公司内对保险公司经营风险有直接或重大影响的关键岗位人员[②]
银监会办公厅《中国银监会办公厅关于信托公司风险监管的指导意见》	银监会直接监管的信托公司
《中央管理企业主要负责人薪酬制度改革方案》	包括由国务院国资委履行出资人责任的 53 家央企，如中石油、中石化、中国移动等，以及其他金融、铁路等 19 家央企

（二）存在的问题

相比之下，很容易看出国内对于薪酬监管适用的金融机构的规定有以下几个不完善之处：

1. 规则不统一，对于央企的监管和金融监管机构的规则有重合冲突之处，不符合法律的稳定性和可预测性。

2. 各监管机构几乎都采取了"一刀切"的做法，不加区分地对待管辖内所

---

① 包括专职党委书记、副书记、党委委员、纪委书记，金融企业的董事长（副董事长、执行董事）、总经理（总裁、行长）、监事长、副总经理（副总裁、副行长），以及金融企业按规定确定的其他负责人。

② 关键岗位人员范围由公司确定，至少包括但不限于总公司直接从事销售业务或投资业务的部门主要负责人及省级分公司主要负责人。

有金融机构。这样做的弊端在于增加中小型金融机构的合规负担,容易造成法律适用效果不佳。

3.未对规则适用的层面作出规定,即适用到哪个主体层面,法人还是包括分支机构等。

此外,对于适用金融机构类型,并没有一个标准,也就是说哪些类型的金融机构存在有失稳健薪酬措施原则,并会对金融系统造成威胁,因而有对其进行监管的必要,并未可见清晰的原则和标准。国内的金融机构与国外有很大差异,因而确定适用金融机构时还需要理性分析。

三、适用金融机构选择标准:薪酬激励与系统风险

哪些金融机构应当被列入薪酬监管对象的取决因素有很多,既要考虑到监管目标的达成,也要顾及监管成本和效果。薪酬监管的主要目的在于引导监督金融机构制订稳健薪酬计划,平抑过分风险行为,维护金融机构安全运行,减缓因金融机构过度风险行为带来的系统性安全危机。对可能因不当薪酬激励制度促使过度风险行为进一步造成系统风险的金融机构,理应纳入监管对象范围。但同时,若要求所有金融机构均实施相同的监管规则,有加重小型金融机构合规负担之虞,也是监管资源的浪费。本书以主要业务类型的不同,分别对银行、保险机构、证券公司、信托机构、资产管理机构等此类型机构进行详细分析,试图为完善现有适用对象标准的规定提出一些建议。

(一)银行

商业银行的外部性对金融系统风险的影响不言而喻,政府救助预期和纳税人为风险行为负责的做法使得银行成为最容易实施过度风险行为的金融机构,实施薪酬监管的国家或地区均将银行列为重点甚至唯一监管对象。银行的薪酬激励体系有众多议题需要讨论,本书仅关注过度激励带来的风险问题。信贷业务是商业银行资产业务的核心,信贷资产的质量直接关系银行的安危。国内外

的经验教训表明，银行不良资产比率过高一直是银行破产和银行危机的主导性原因之一。从美国次贷危机的教训可知，危机的爆发并非某种特定金融机构或高管人员单独行为的结果，而是整个美国金融体系包括房贷机构、投资银行、商业银行、信用评级机构、保险公司等共谋共犯的结果。但从其根源来看，商业银行不当的激励方式促使银行过度追求当期业绩、忽略长远风险暴露，无疑对危机起到推波助澜的作用。如前文所述，发放贷款人员对借款人员的还款能力的审查谨慎度下降，甚至不惜作假协助本应重点审查的次级贷款人更为方便得到贷款等。① 根据普华永道的调研结果，我国 2014 年主要上市银行不良贷款余额和不良贷款率继续"双升"，不良贷款余额达 6 415.10 亿元，同比增长 38.23%。其中，5 家大型商业银行的不良贷款余额增长 35.22%，股份制商业银行的不良贷款余额增长 50.78%。整体不良贷款率较 2013 年末上升 0.24 个百分点，至 1.23%。② 这种情况的原因是复杂和多面的，既有经济发展方式转型和经济增长放缓的客观因素，也有银行自身风险管理和外部监管等问题。但观察这些银行的薪酬激励制度之后，就会更确信银行业的薪酬体系亟须完善。商业银行尽管从改革前的"行员等级制"过渡到现行的"年薪制"，但也只与员工当期或当年的工作业绩相关。过于依赖经营业绩的单向激励，无疑忽视了员工行为长期的风险暴露：基础工资较少，奖金依赖当期业绩，业绩佳时整个团队受益，特别是管理层和业务员。当风险出现时，尽管商业银行有相应的追责机制，但相比较于巨额奖金显得严重失衡。根据《贷款通则》，我国商业银行实行行长负责制，但在实际案例中，鲜有因不良贷款辞退负责人或让其承担巨大经济处罚的事件发生。且即使如此，负责人在其他金融机构再寻找职位的机会仍然十分乐观。加之银行业的人员流动性较大，贷款不良原因认定复杂，导

---

① 不良资产产生原因诸多，当期业绩不仅仅涉及贷款发放者和高管的奖金，甚至后台如法规部等都会有所受益，整个金融机构都对此形成了激励文化，即争取更多档期业绩，低估未来风险。

② 数据来源于普华永道：《银行业快讯：2014 年中国银行业回顾与展望》，2015 年 4 月。

致最终无人为此承担相应责任，高管与相关员工的收益与承担风险不匹配。此外，薪酬给付形式多为现金（只有少数银行如招商银行、建设银行不同程度地实施员工持股计划），延迟支付制度并未能很好开展，奖金追回也未有金融机构实施过，无疑加剧了员工的过度风险行为。有学者通过对我国14家上市商业银行实证分析得出，目前高管薪酬激励制度致使过度贷款规模的产生，从而引起资产价格泡沫。[①]

截至2014年，国内银行业系统包括3家政策性银行、5家国有商业银行、12家股份制商业银行、144家城市商业银行、212家农村商业银行、190家农村合作银行、2 265家农村信用社、1家邮政储蓄银行、635家村镇银行等。银监会的《商业银行稳健薪酬监管指引》将监管对象界定在中华人民共和国境内依法设立的吸收公众存款、发放贷款、办理结算等业务的企业法人。这和《商业银行法》及《公司法》中对商业银行的定义一致。除政策银行外，其他金融机构均有吸纳公众存款、发放贷款等业务功能。相对于五大行、股份制商业银行、城市商业银行及个别农村商业银行而言，剩余金融机构主要服务、支持"三农"经济，有明显的地域性和政策性，其从事业务、服务对象十分有限。若将这些金融机构一并纳入薪酬监管范围，实际价值和操作性都很低，如农村信用社并没有风险管理部门，要求如此复杂的薪酬设计也不符合目前此类金融机构公司治理水平。对于中小型银行而言，实施薪酬监管会加大其合规负担，不利于其更加充分地参与市场竞争，发挥其应有功能。邮政储蓄银行虽然规模较大，但其资产负债结构相对简单透明，信贷业务占比较小，经营业务的风险性较低，在其薪酬体系尚未完全市场化前，对其作更多要求不符合其发展规律。

从金融系统重要性程度来看，除了入围FSB全球重要性银行的中国银行、农业银行、工商银行和建设银行，我国并未有关于国内系重要性金融机构的

---

① 李研妮：《高管薪酬、贷款规模与资产价格泡沫的实证分析》，载《金融理论与实践》，2015(1)。

界定法规。银监会 2011 年出台《国内系统重要银行划分标准的征求意见稿》，拟通过"规模、关联度、不可替代性"三个指标衡量国内系统重要性银行，其中每个指标占据 25% 的权重。2014 年银监会发布了《商业银行全球系统重要性评估指标披露指引》，要求符合一定条件的商业银行从 2014 年起披露全球系统重要性评估指标。其中"一定条件"是指：上一年年末调整后的表内外资产余额为 1.6 万亿元人民币以上，或者上一年度被认定为全球系统重要性银行的商业银行；以及被 FSB 列为全球系统重要性银行的国内银行。依照上述标准，符合国内系统重要性银行条件的共有 13 家银行。[①]

不同于银监会的《商业银行稳健薪酬监管指引》，笔者认为仅将国内系统重要性商业银行列入监管对象范畴更为合理。尽管国内系统重要性银行的标准未成熟，但规模大小是识别银行重要程度的关键指标，目前参考适用《商业银行全球系统重要性评估指标披露指引》中识别标准作为划分薪酬监管对象中的银行范围十分公平合理。对于其他商业银行，薪酬监管标准应当成为其提高自身公司治理水平、完善公司内部薪酬管理体系的契机，从而推动公司各项制度的完善和业务的发展。

（二）保险机构

在金融危机的形成机制和利益关系链条中，保险公司不仅充当了次级债券的重要投资者，成为次贷市场资金的重要来源之一；而且通过其提供的按揭贷款保险、单一风险保险和信用违约掉期等产品，大大增强了市场和投资者的信心，成为金融危机形成机制中的重要一环。[②]具体而言，放贷机构为了转移风险，将抵押贷款资产证券化售给投资银行，投资银行再包装成债务抵押债券售给保险公司、对冲基金等各类金融机构。在此过程中，作为传统抵押贷款的保险提

---

① 包括 5 家国有大行以及 8 家全国性股份制银行，即除恒丰、浙商、渤海、广发外的股份制银行均要披露。

② 孙祁祥、郑伟、肖志光：《保险业与美国金融危机：角色及反思》，载《保险研究》，2008(11)。

供者，保险公司忽略次级债务潜在风险，片面追求业务增长，更加放纵了放贷机构的风险行为。市场繁荣，房价高涨时，保险公司从中赚取大量佣金，但当市场冷淡，贷款人无力还款时，从银行开始的危机蔓延至整个金融系统。其中只关注当期业绩的不当激励机制同样过度刺激了风险行为，甚至对保险公司而言，引发的道德风险可能更高，尤其是对于管理层：管理层通过降低风险定价水平或增加所承担的风险就可以提高当期的业务量和利润。特别对于那些风险暴露时间较长或发展较缓慢的保险业务而言，这样的做法无疑会带来巨大的风险隐患。同样，对于高收益、高风险的资产投资，虽然提高了高管的投资业绩，但同时意味着日后可能承担更多的资本损失。由此可见，保险公司的薪酬激励同样需要受到严格监管。

虽然此次金融危机中我国保险业并未受到严重冲击，其主要原因在于自身参与的国际化程度并不高。但随着金融全球一体化进程的加速，作为重要金融市场的参与者，提高公司风险管理和自治水平才能稳健运行，更好地应对竞争。我国保监会制定的《保险公司薪酬管理规范指引（试行）》适用于中国境内依法注册的保险公司、保险集团公司和保险资产管理公司。随后发布的《中国保险监督管理委员会关于贯彻实施〈保险公司薪酬管理规范指引（试行）〉有关事项的通知》明确了外资保险公司在中国设立的法人实体同样适用。截至2014年末，全国保险机构共有180家。其中，保险集团和控股公司10家、财产险公司65家、人身险公司74家、再保险公司9家、资产管理公司18家、出口信用保险公司1家、其他机构3家。[①] 特别是10家保险集团，多元化经营趋势明显，业务范围从传统保险覆盖了银行、证券、基金、信托乃至互联网金融，对系统性风险的影响力也在加强。同银行业类似的是，一些大型保险机构在规模上有绝对的优势，这10家保险集团以及新华、泰康的总资产接近保

---

① 中国人民银行：《中国金融稳定报告（2015）》，2015年5月发布。

险行业总资产的 80% 以上。[1] 但规模并非是判断保险机构系统影响力的最重要依据,其他诸如非传统投资业务规模、与其他金融机构关联性等同样需要被考察,因而如何区别监管需要一个明确的标准。保监会发布的指引中对风险程度评估结果不同的 A、B、C、D 四类保险机构的高管薪酬数额及结果作出了不同要求。[2] 但这样的分类主要依据单个保险机构风险状况,而非对系统的影响力。薪酬监管的对象应当更侧重考量机构在整个金融系统中的重要程度。

如上所述,从系统重要性程度来看保险机构,只有中国平安保险集团连续两年被国际保险监督官协会(IAIS)评定为全球系统重要性保险机构(G-SII)。[3] 对于国内系统重要性保险机构的识别我国暂无标准发布。具体标准需要依赖于保监会根据 IAIS 公布的全球系统重要性保险机构评估方法和政策框架建议,建立综合指标体系,同时研究出可辅助指标法的市场法,以科学准确地识别出我国的系统重要性保险机构。该标准同样适用于薪酬监管对象。

(三)中国式投行:证券公司、信托机构、资产管理机构等

此次金融危机中,雷曼兄弟公司破产,贝尔斯登被摩根大通收购,美洲银行收购美林,摩根士丹利和高盛则转为银行控股公司:曾被我国证券机构当作发展蓝本的独立投行模式的终结值得国内证券行业深刻反思。投资银行在金融危机中扮演了主力军的角色,特别在其各大 CEO 的薪酬曝光之后,更是口诛笔伐的对象,其中将雷曼兄弟公司带到破产状态的 CEO 在过去 8 年内拿到手

---

[1] 普华永道:《系统重要性保险机构监管体系:从 G-SII 到 D-SII 的演进》,详见 http://www.pwccn.com/home/chi/insurance_dsii_challenge_feb2016_chi.html,最后访问时间为 2015 年 9 月。

[2] A 类公司,指偿付能力达标,公司治理、资金运用、市场行为等方面未发现问题的公司。B 类公司,指偿付能力达标,但公司治理、资金运用、市场行为等方面存在一定风险的公司。C 类公司,指偿付能力不达标,或公司治理、资金运用、市场行为等方面存在较大风险的公司。D 类公司,指偿付能力严重不达标,或者公司治理、资金运用、市场行为等至少一个方面存在严重风险的公司。

[3] 重点在于保险机构因财务困境或破产对全球金融体系造成的严重紊乱和对全球经济产生的不利后果。规模、全球活动、金融体系内关联、非传统与非保险活动、不可替代性是 G-SII 的五大类评定指标。

的薪酬高达 4.8 亿美元，美林 CEO 离职时，尽管公司处在亏损状态，但依然未能影响其拥有 1.6 亿美元的奖金。在前文所述的金融危机发生过程中可见，投资银行对证券化的抵押贷款现金流再进行重组，设计出风险收益不同的债务凭证 CDO，甚至对 CDO 再进行打包重组。这些创新不断的金融产品不断放大贷款价值，拉长了金融交易链条，严重助长了投机行为，其产品背后真正的价值不再有人关心。当危机出现时，这些看似分散风险的金融产品却并未能将风险从金融体系内转移出去。在将奖金与当期业绩贡献紧密相连的薪酬激励驱动下，金融衍生品设计者被鼓励创造更多更复杂的金融衍生品，且为了更多交易量，尽量使其看起来更加安全稳健；对交易员而言，更愿意从事可以赚取更高收益、高风险的交易活动；而高管则有足够的动力只关注眼前利益，使一些可能导致投机性资产泡沫的金融创新产品因其所带来的投机收益，被错误地当作提升公司长期价值的金融创新工具，风险管理普遍流于形式[1]。当系统性风险全面暴露后，"肥尾效应"涌出，倒闭或被迫重组自然在所难免。

投资银行是以资本市场为主的综合金融业务，主要包括证券承销与经纪、公司并购重组、基金投资管理、金融资产管理和风险投资。[2] 国内没有独立投资银行模式，但在分业体制向混业经营体制转轨的过程中，各类金融金融机构都在立足做大做强本源业务的同时，积极地寻求跨业合作，为混业经营作准备。在国内的金融机构体系中，从事投资银行业务的机构非常广泛，最有代表性的当属证券公司。除此，商业银行内部设有投资银行、资产管理、金融市场等部门，资管类投行，包括信托公司、基金公司子公司、保险资管公司等资产管理类机构，以及虽不持有金融牌照，但主要从事投行业务的各类机构，包括民间投行、PE 等精品投行。针对商业银行和保险资管公司，已出台了专项薪酬相关规范

---

[1] 王天：《欧美银行交易员激励机制的研究与借鉴》，载《国际金融》，2014（5）。

[2] ［美］罗伯特·劳伦斯·库恩：《投资银行学》，北京，北京师范大学出版社，1996。关于投资银行的四层定义，金融实务界和学术界普遍接受的是上述第二层含义。

对其约束。对于信托公司，2014年银监会发布关于信托公司风险监管的指导意见，其中提出信托公司应建立与风险责任和经营业绩挂钩的科学合理的薪酬延期支付制度（激励性薪酬延付制度）；限制分红或红利回拨制度（信托公司股东应承诺或在信托公司章程中约定，在信托公司出现严重风险时，减少分红或不分红，必要时应将以前年度分红用于资本补充或风险化解，增强信托公司风险抵御能力）。[①] 证监会2012年修改《证券公司治理准则》，其中一大亮点即对激励约束机制的细化，强调了绩效考察和薪酬管理制度应当反映合规管理和风险管理要求，并通过具体设置延期支付、薪酬返回等制度，以期达到稳健薪酬目标。可见，已有相应的法律规则约束信托及证券公司薪酬制度，尽管只是原则性的监管对象之列。那么其他投资银行类金融机构是否也应当在监管对象范围内？从美国金融危机发生过程来看，投资银行在金融系统运行中的角色前文已述，但从目前国内投行发展情况而言，并非所有投行都对金融系统风险存在潜在重大影响。如精品投行通常规模较小，基于对行业的理解和撮合交易获得业务，其获取佣金的方式主要是"财务顾问+资产管理"或"纯财务顾问"形式[②]。如此，其破产后对国内金融系统安危并没有过多影响，列入薪酬监管对象不尽合理。因此，笔者认为，现有法规已经涵盖所需要规制的金融机构范畴，不需要再扩大已有范围。但值得注意的是，这个范围不应该恒定不变。随着混业经营趋势逐渐明晰，金融机构的业务也互相交叉，一些投资银行在金融体系中扮演越来越重要的角色，若其薪酬激励体制过分刺激其冒险动机，造成金融机构的经营失败进一步引发系统风险，理应受到约束。

综上所述，从机构类型来看，我国目前的法规涵盖了多数金融机构，但存在的问题是：一是对于同样类别的金融机构不加以区分对待，有加重中小型金

---

① 《关于信托公司风险监管的指导意见》第六条第三款，银监办发〔2014〕99号。
② 张立州、刘兰香：《中国式投行》，62页，北京，中信出版社，2015。

融机构合规成本、浪费监管资源之虞；二是不同类型金融机构适用标准不统一，规则繁简程度也不相同，亟须不同监管机构进行协调统一、明确标准。

四、适用金融机构层级：以法人为主

对于具体哪个层面适用薪酬监管规则，FSB等国际监管机构并未直接建议监管规则一定运用到哪个层面。国内的规范性文件未明确这一点，但在银监会有关负责人就《商业银行稳健薪酬监管指引》答记者问中，就明确了"重点解决法人层面的薪酬监管问题，并以此来推动和促进分支机构层面的薪酬管理，进而实现对商业银行薪酬管理机制的整体规范"[1]。笔者赞同这一观点，一是薪酬理念的推行和实践需要一个过程，急于适用到各个层面的金融机构反而会造成法律的适用效果不佳；二是给金融机构带来过多的合规成本和压力，同时也给监管部门增加过多的工作负担。要求金融机构遵循稳健薪酬原则完全依靠强制措施是行不通的，不仅需要金融机构自上而下理念的改变，还需要通过不断实践来探索完善。以法人层面的实施为主，其他分支机构可参考适用是现阶段比较可行的方式。

第二节 适用人员

对于哪些人员应该受到监管规则的调整，各国监管机构达成的共识是应当包括高管及风险承担者[2]。除了高管，一些非管理人员可能会使金融机构处于风险暴露状态，相对该金融机构的规模、资本和整体风险承受能力而言，该风

---

[1] 见链接：http://www.gov.cn/zwhd/2010-03/10/content_1552368.html，访问日期为2015年9月。

[2] 在最具有影响力的国际监管规则中，均采用了"risk-taker"这一表达方式，本书参考了中国银监会办公厅在翻译《加强银行公司治理的原则》中，将薪酬体系可能影响risk-taking，翻译作风险承担。德勤在其《全球风险管理调查（第8版）》中关于薪酬政策中的译法，将"risk-taker"译作风险承担者，是指其自身专业行为对金融机构风险状况可能产生重大影响的员工。

险暴露所引发的潜在损失是巨大的,例如拥有较大仓位交易限额的交易员等。因而,这些风险承担者也是薪酬监管重要适用人员。

巴塞尔银行监管委员会规定,FSB 的监管原则应当至少适用于下列人员①:

(1) Responsible Persons (Senior Bxecutives)　高级管理人员

(2) Risk and Financial Control Personnel　风控人员

(3) Material Risk-takers (Individual or Collective)　重要风险承担者

EBA 在 2015 年薪酬监管最终报告中强调,稳健薪酬原则性的指导适用于金融机构所有员工,特别规定适用于指定人员,指定人员是指其专业行为对金融机构风险状况有影响的人员(欧盟法律提供了定量和定性的综合判断标准②)。在具体将国际规则转换为国内法的过程中,G20 国家均强调除高管之外,其他对金融机构风险会产生影响的员工薪酬同样适用监管规则调整。英国 FSA 则将高管作为"对金融机构风险状况有重大影响"人员的其中一类,这一类人还包括风险承担者、有重要影响力的员工、高管经理人、控制部门的负责人(如合规部门经理、投资部门经理、法律部门经理)以及总薪酬等同于高级管理人员和风险承受者的员工。③

由此可见,尽管不同监管规则中对于适用人员的范围以及识别方法有所差异,但无疑,法律对此提供统一明确的标准和指引十分必要。

---

① Basel Committee Banking Supervision, *Range of Methodologies for Risk and Performance Alignment of Remuneration*, May 2010, p.13.

② European Commission, Commission Delegated Regulation (EU) No .../..of 4.3.2014. Supplementing Directive 2013/36/EU of the European Parliament and of the Council with regard to regulatory technical standards with respect to qualitative and appropriate quantitative criteria to identify categories of staff whose professional activities have a material impact on an institution's risk profile, 2013.

③ FSA, *Reforming Remuneration Practices in Financial Services*, August 2009.

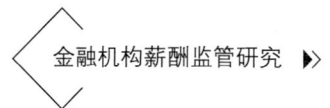

一、高级管理人员

薪酬监管最初出现在公众视野内即直接限制高管的过高绝对值薪酬。华尔街职业经理人薪酬数目在危机时的萧条经济背景下格外醒目。为了平息民众愤怒的情绪,重拾公众对金融业的信心,美国政府不得不立即将薪酬监管作为问题资产救援方案(TARP)改革的一部分,要求接受资助的企业支付高管薪酬减免公司所得税的上限调整为50万美元。[①] 我国财政部发布的第一份关于薪酬指引的规范性文件也是直接限制了国有金融机构高级管理人员的薪酬。[②] 由于风险管理与制定银行发展战略方向和确定机构整体风险承受度密切相关,金融机构高管不仅仅是部门内薪酬最高的群体,其还扮演着对金融机构全面风险管理的最终责任人角色。因而高管的薪酬无疑最应当体现薪酬与金融机构长期风险相一致的原则。对于高管的界定,从法律适用上看,FSB用"Senior Executive"这一表达方式,并说明是指包括机构中所有因其职位而拥有作出可能影响其他利益相关者(Stakeholders)利益决定的负责人,英国金融服务管理局运用了相同的表述方式,欧洲银行监管局则用Senior Management指代高管,但并未具体说明包括哪些[③]。美国金融机构薪酬监管规则体现在不同法律中,例如对于后文将介绍的"薪酬追回"制度,《经济稳定法》第111节要求,所有接受"联邦问题资产救济计划"的公司"如果公司支付给公司高管(Senior Executive Officers)和另外20位薪酬最高的公司员工的奖金、保留补贴(Retention Award)或者激励性薪酬所依据的公司收入、利润、收益或者其他标准在事后发现是实质性错误的,公司必须追回该薪酬"。此处 Senior Executive Officers

---

① 即企业高管减免公司所得税限额为50万元,超过部分不能计入成本费用作为税前列支。
② 各国有金融机构2008年度高管人员薪酬(指税前薪酬,包括基本薪酬、绩效薪酬、社会保险、各项福利等,下同)按不高于2007年度薪酬的90%确定。
③ 在EBA2015年最终报告发布后,其公布的反馈意见中也建议用"Heads of Control Function"代替 Senior Management.

是指公司中薪酬最高的前五位高管以及按照法律规定需要披露薪酬的其他员工。《萨班斯—奥克斯利法案》第304节规定适用高管范围只限于公司的Chief Executive Officer 和 Chief Financial Officer；《多德—弗兰克法案》第954节规定为 Current or Former Executive Officer。[①] 对具体范围法律并未明确，但多名数学者指出，应当参考本法所指的前任和现任高管的范围是 SEC 依据《1934年证券交易法》制定的 Rule3b-7 中所规定的：主席（Presidents）、副主席（Vice Presidents）以及执行类似决策职能的公司职员（包括子公司的高管）。以上是对关乎薪酬监管规则中"高管"表述的一些考察，不难发现，即使在同一国别，针对不同规则，对于高管范围的界定也有所不同。

根据监管规则内容和表述方式，国际监管规则中的类似表达更接近国内的公司法中所指的高管，即我国《公司法》第二百一十七条第一款规定的"公司的经理、副经理、财务负责人，上市公司董事会秘书和公司章程规定的其他人员"，包括同时担任董事的高管。具体到金融机构，以银行业为例，尚未查找到银监会对高级管理层范围有所界定，不过在大型上市银行的公开信息中可以查阅到各银行的高管层包括的职位范围。[②] 笔者认为，监管机构应当明确高管的范围，使得法律的适用保持一致性，虽然职位名称有所差别，但法律可以提供判定原则。如对于银行业，至少应当包括行长、副行长、财务部门负责人、风险控制部门负责人、法律部门负责人、公司业务部门负责人。此外，由上述关于机构的讨论可知，同时应当包括分行的高管。不同金融机构的部门设置、职位名称有所差异，不同监管部门应当对此作出一致的规定和解释，防止监管

---

① 本法所指的前任和现任高管的范围是 SEC 依据《1934年证券交易法》制定的 Rule3b-7 中所规定的：主席（Presidents）、副主席（Vice Presidents）以及执行类似决策职能的公司职员（包括子公司的高管）。

② 如交通银行规定高级管理层是本行的执行机构，对董事会负责，由行长、副行长、首席财务官、首席信息官、首席风险官、公司业务总监等组成。中国农业银行高级管理层是该行的执行机构，由行长、副行长、董事会秘书以及董事会确定的其他管理人员构成。

套利。①

二、风险承担者

相比于"高管",其他金融机构"风险承担者"的识别更具有难度。理论上而言,金融机构每位员工的行为都存在与机构潜在风险相关的可能性。仅以可能引发银行交易风险②的环节来看,模型风险、产品本身设计、交易执行、支付结算中众多程序和其中的某个决定都可能引发操作风险,最终影响到金融机构的风险状况。不仅如此,最终风险的暴露可能由一个环节中一个岗位的员工独立操作造成,也可能是许多员工一系列操作累积造成的。风险暴露的时间长短不一,缘由复杂而多样,因此,如何确立谁是金融机构的风险承担者,并通过法律的形式确立下来,不仅需要考虑到不同金融机构的风险传导机制、岗位设置等因素,还要注意到立法方式,以期达到良好的法律运用效果。

国内法中,对于"风险承担者"的法律界定和形式各不相同,即使是同一国家,立法内容也在不断完善。如英国 FSA 在 2011 年的薪酬制度准则③中只是列举其中一二说明何为"高级管理人员"及"对金融机构风险有重大影响",包括操盘手、基金经理、合规经理等,④之后 FSA 在 2015 年最新薪酬制度

---

① 对于"监管套利",目前在国内外都还没有一个统一的定义。一般认为在经济满足以下两个条件时,便出现了监管套利机会,理性的市场主体会选择最优交易策略,从而实现自身效用的最大化:(1)一个经济目的,可以通过多个交易策略来实现。(2)对于上述实质相同但形式不一的交易策略,监管制度存在着不同的对待方式。监管制度在对待方式上的差异性源于制度内在的不完全性,其无法对交易的经济实质给出足够精确的界定。这里的监管套利是指由于监管部门对于"高管"范围界定的差异,利用这一差异逃避薪酬监管的含义。

② 美联储将金融风险分为信用风险、市场风险、流动性风险、作业风险、法律风险、信誉风险。

③ FSA, *Remuneration Code*(SYSC 19A), 2011.

④ The Code aims to Redress Perceived Imbalances so that the Senior Management of a Firm and Staff Which Have a Material Impact on Its Risk Profile, such as Proprietary Traders, Fund Managers and Compliance Managers, Cannot Simply be awarded Large Cash Bonuses at Each Year End.

准则里则规定"风险承担者"范围遵循上文提及的欧盟条例①的规定。该条例不仅说明了立法者在识别风险承担者时应当考虑的多角度因素,还提供了定性、定量两方面的参考标准,对完善我国相关立法规范具有启示性。

(一)风险承担者内涵:欧盟规定为鉴

欧盟委员会以授权条例(Delegated Regulation)的形式规定了各国如何根据法律识别金融机构的"风险承担者",这意味着该规则对所有欧盟成员国具有普遍适用力,而非选择性地适用该规则。欧盟委员会在2012年调查评估各国实施CEBS之前发布的相关薪酬监管指引②状况时发现,薪酬监管规则的运用并未扩展到合理的范围,最大的原因在于各国对于具体适用人员的标准存疑,"风险承担者"的识别方法和标准也是千差万别。于是欧盟委员会先于2014年颁布了该条例,EBA在2015年12月发布的薪酬监管最终指引中③明确了确立适用监管规则人员的程序需遵守欧盟委员会条例标准,并作出进一步解释,增强了标准的可操作性。

在明确具体标准之前,有必要讨论确立这一标准应当考虑的因素,如对于定量标准的确立并非单纯地设立某一数额,则认为其满足"对金融机构风险有影响"的条件。同样,定性的标准也并非仅限于某个职位的描述。以下是笔者综合的立法者考量的因素,这些因素和原则在条例和指引中均得到了体现:

一是高管需要对金融机构负最终责任,其决策和行为必然影响到机构的风险状况,理应属于对金融机构风险有重大影响的对象。而且,不仅是有权作出

---

① European Commission, Commission Delegated Regulation (EU) No .../.. of 4.3.2014. Supplementing Directive 2013/36/EU of the European Parliament and of the Council with regard to regulatory technical standards with respect to qualitative and appropriate quantitative criteria to identify categories of staff whose professional activities have a material impact on an institution's risk profile.

② 是指CEBS 2009年发布 *High-level Principles for Remuneration Policies* 以及2010年发布的 *Guidelines on Remuneration Policies and Practices*。

③ EBA, *Guidelines on Sound Remuneration Policies*, December 21, 2015, pp.35–45.

决定的高管,对此负责监督或是审查的管理人员同样属于此类人员。欧盟委员会条例并未将高管和其他风险承担者相区分,这样的做法使得法律的适用更简单统一。

二是重要业务部门的高级管理人员、具体风险类别管理人员,如流动性风险管理部门、操作风险管理部门、利率风险管理部门的高级管理人员,他们制定的策略或是作出关于业务的重要决定,这些都是对金融机构风险有重大影响的行为。

三是除了为公司创造额外业务部门的负责人外,为此提供内部支持的在岗人员的专业行为同样关乎金融机构日后的风险暴露。

四是一项决定的内容通常受到发起这一项目的提议人的影响,最终的决定通常由更高职位的管理层个人或者委员会作出。当考虑这一项目对机构风险状况的影响时,需要考虑到这一过程。

五是单个人行为有时候不能作出某项会对金融机构风险状况有重大影响的决定,但机构内某个部门或委员会的集体行为与金融机构风险相关时,对此负责的管理人员同样属于适用对象。

1.定性标准。基于上述考虑,欧盟委员会在 2014 年 604 号委员会授权条例中给出了下列标准,其中定性的标准中满足其中之一条件的即符合"对金融机构风险状况有重大影响的"风险承担者:

(1)具有管理职能部门的管理人员。

(2)具有监管职能部门的管理人员。

(3)高级管理层成员。

(4)对独立风险管理职能部门、合规职能部门、内部审计职能部门负责和问责。

(5)负责开展重要业务的部门的风险管理,该业务部门资产至少占内部资本 2% 以上。

（6）负责重要业务部门。

（7）对符合（4）或（5）所述人员直接汇报。

（8）在重要业务部门承担管理职责，并对其部门领导直接汇报。

（9）领导负责法律事务部门、税务部门、财务部门、人力资源管理部门、薪酬政策部门、信息技术部门、经济分析部门。

（10）管理除了信用风险和市场风险管理部门之外其他79-87 2013/36指令中所提及的部门。

（11）在超过0.5%的一级资本金（且数额达到500万美元）信用风险暴露名目值的交易中，负责发起信用申请以及构建引起风险暴露结构化信用产品，以及有权批准或投票决定上述行为。

（12）有权决定、批准或投票决定交易账户上累计满足下列份额的。

（a）用标准法[①]基金市场风险0.5%的一级普通资本。

（b）内部模型方法监管目的5%或更多的。

（13）对于引入最新金融产品过程中起到决定性作用的个人或团体中的成员。

2. 定量标准：

（1）奖金达到下列数额且符合（2）~（5）条其中任一条，被认定对金融机构风险有重大影响：

（a）在接下来财政年度所有奖金达到50万欧元（包括50万欧元）；

（b）下一个财政年度中最高奖金前0.3%（取整数）；

（c）奖金数额与管理人员相当或更高且符合（1）（3）（5）（6）（8）

---

① 《巴塞尔新资本协议》计量信用风险的标准法是旧《巴塞尔协议》计算方法的延续。新协议对于银行的资产，按其是否有外部评级以及外部评级机构对资产的评级结果给予一定的风险加权，以弥补原协议在风险资产权数规定上的不足。在确定信用风险的标准法中，对各交易对手的各种风险，如主权风险、银行风险和公司风险等都是在外在信用评级机构评级的基础上确定风险权重。

（11）中任一条。

（2）下列情形不应当被认定为"对金融机构风险状况有重大影响"：

（a）非重要业务部门仅从事专业活动；

（b）重要业务部门仅从事专业活动，但对本部门风险状况无影响。

（3）对于上述（2）中（b）的判断，即其专业行为对本部门风险状况有无影响的判断标准应当基于一些客观标准，将机构认定、管理和监管风险的标准考虑在内。

（4）符合（2）中（a）对于超过75万欧元的薪酬发放应当由该机构的审慎监管的部门批注。

（二）界定主体与程序

尽管法律给出了界定风险承担者的标准，但并没有规定具体到公司层面由谁来确立这一范围，以及在确立范围后，是否应当报备监管机构或是交由监管审核批准。关于这一程序，只有美国《多德—弗兰克法案》明确了董事会或董事会专门委员会负责确定该类高风险员工，一旦确定了该类风险承担者范围，董事会就应当对每一位高风险员工单独批准以激励为基础的薪酬安排。笔者认为，法律制定风险承担者的原则和标准后，交由具体金融机构薪酬委员会决定，再报备监管部门。如对适用范围划定有异议，监管部门可以要求金融机构作出解释或是调整。这一做法比较有灵活性，鉴于金融机构自身对其内部岗位设置、风险防范更了解，由金融机构本身作出界定更为合适。

第三章
金融机构薪酬决定机制

薪酬设计的本质应由市场定价机制确立，无论是政府监管还是在事后干预，都应当保持克制的态度。法律不应直接从薪酬数额和结构上为金融机构制订其薪酬计划，而是应当有效发挥监管规则的指引性，提升薪酬与金融机构长期风险的相关性。正如哈耶克所言："目的不是提供一个具体的政策纲领，而是阐明应依据何种标准来判断具体措施是否同一个自由政体相适应。"[①] 通常，法律传统的不同及公司治理结构的差别导致薪酬安排呈现出不同形态，由谁行使薪酬决定权及决定权行使过程受到何种约束是薪酬监管的重要组成部分。

通常，公司高管薪酬由董事会或董事会下设的薪酬委员会决定，在不同法律体系下，股东对薪酬体系约束的力量有所不同。大陆法系强调股东制衡，英美法系更倚重薪酬委员会的作用，但金融危机后，英美也逐渐强化了股东对薪酬制定的参与度。不管哪种方式，其核心要素都是：薪酬决定机能和业务执行职能的功能性分离，即非业务执行的股东或董事掌握薪酬决定权，并利用这一权利激励和监督业务执行的董事或高管。对于金融机构而言，合格的高管及风险承担者的薪酬决定主体需要更多考虑到：薪酬制度的制定与金融机构风险息息相关，专业的知识储备和从业经验非常必要；薪酬体系不仅针对高管，还包括其他非高管，但会影响到机构风险状况的关键岗位的员工；金融机构利益相

---

① [英]哈耶克著，冯克利译：《哈耶克文选》，67页，南京，江苏人民出版社，2007。

关人更为广泛，其公共性决定了薪酬安排不仅与高管利益、股东利益相关，还可能涉及广大纳税人利益，如何在制定过程中体现各主体意志十分重要。

第一节 薪酬制定主体：薪酬委员会

一、薪酬委员会作用局限性及成因

通行的代理理论认为，随着公司所有权和控制权的分离，通过董事会对高管的监督可以解决代理成本的问题。公司法中对董事会薪酬决定权的相关规定即基于董事会将股东利益作为判断准绳的基础上。通常大型上市公司中薪酬设定程序为：董事会负责首席执行官和其他高管的薪酬，① 而董事会通常会委托薪酬委员会设计薪酬方案的具体细节。全球重要金融监管机构金融稳定理事会FSB在《稳健薪酬实践的原则》中要求主要金融机构的董事会对该机构整体薪酬系统负责，且制定薪酬的董事会成员要保持独立性，掌握专业的风险管理和薪酬制定知识。此外，FSB还要求董事会监督和定期评估整个薪酬体系的进展和实施状况。② 我国证监会早在2001年颁布的《上市公司治理准则》中即建议上市公司董事会按照股东大会的决议设立薪酬委员会或薪酬与考核委员会，负责研究和审查董事、高级管理人员的薪酬政策与方案。2007年美国次贷危机后的全球金融监管改革中，银监会参照FSB要求，在2010年的《商业银行稳健薪酬监管指引》中要求董事会对薪酬管理负最终责任，但仍要设立相对独立的薪酬管理委员会，并对成员的构成和资质作出明确规定。③ 可见，薪酬委员会是具体实施薪酬制订方案的重要主体，其独立性和专业性的程度直接关系

---

① Stacey R. Kole, The Complexity of Compensation Contracts, *Journal of Financial Economics*, Vol.43, 1997, p.101.

② FSF, *Principle for Sound Compensation Practices*, 2009.

③ 银监发〔2010〕14号，第十七条。

到薪酬体系的实施效果。

从我国目前大型金融机构薪酬委员会成员的安排来看，其局限性主要表现在：一是薪酬委员会的成员无法避免来自外界因素的影响而客观安排薪酬；二是薪酬委员会对金融机构风险暴露认识不够，在设计薪酬过程中很难将薪酬与机构的长期风险挂钩。薪酬委员会通常主要负责审议全行薪酬管理制度和政策，拟订董事和高级管理层成员的薪酬方案，向董事会提出薪酬方案建议[①]。非管外工作人员的薪酬通常由人力资源部制定，因而其他众多涉及风险操作人员的关键岗位工作人员薪酬设定的科学性和专业性常被忽略。

（一）传统薪酬制度理论基础失灵——薪酬委员会独立性无法保障

薪酬委员会的独立性是稳健薪酬体系制定的前提。实际上，即使是薪酬委员会的独立董事，也难免会受到社会和自身心理因素的影响，如袍泽之谊、"团队精神"、避免董事会与管理团队发生冲突等自然愿望[②]，以及曾经的友谊和忠诚等。这些都会导致独立董事无法做到实质上的"独立"，迫使薪酬制定过程偏离了公平交易模式。

具体而言，薪酬委员会受外界因素影响主要体现在两个方面：一是经理人对薪酬委员会成员安排的干预。他们一方面可以通过自己的影响力来决定有利于自己的人选安排；另一方面经理人也可能利用自己掌握的权力来控制薪酬委员会成员的报酬，从而制约薪酬委员会在经理薪酬问题上的决策自主性。[③] 在薪酬委员会的选任问题上，高管会间接地影响其提名和连任。薪酬委员会成员期望连任的愿望不仅有丰厚的经济利益支撑，还有各种潜在福利和隐性的声誉

---

① 如银监会发布的《商业银行公司治理指引》第二十二条即规定了薪酬委员会的职责如此。
② [美]卢西思·伯切克、杰西·弗里德著，赵立新等译注：《无功受禄：审视美国高管薪酬制度》，42页，北京，法律出版社，2009。
③ 高文亮、罗宏：《薪酬管制、薪酬委员会与公司绩效》，载《山西财经大学学报》，2011（4），84-91。

好处。^①那么薪酬委员会如何才能连任？理论上，董事会负责任命薪酬委员会成员，如纳斯达克上市规定要求董事候选人其对董事会负责。但大量的研究和事实证明，高管的影响力足以关系到薪酬委员会成员是否可以连任。首席执行官对于提名程序一直拥有重要甚至决定性的影响力。Shivdasani 和 Yermack 报告指出，1994 年世界五百强的企业中，上市公司 341 个，其中 75% 的公司设有提名委员会，这些公司中 33% 的 CEO 是提名委员会成员。通常，董事会不太会明确反对首席执行官的提名。高文亮和罗宏以 2001—2008 年中国上市公司为样本研究时也发现薪酬委员会的设置与高管薪酬正相关，薪酬委员会的设置并没有显著影响上市公司薪酬业绩敏感性，这意味着薪酬委员会的作用有待加强。不仅如此，高管对薪酬委员会还有着直接或间接的经济上的影响。薪酬委员会成员不会希望因为薪酬问题而与高管之间有不愉快的合作关系而伤及其潜在的利益，例如某个成员是某事务所合伙人，尽管现阶段尚未为公司提供服务，但其仍存在与高管搞好关系的经济动机。因此只要高管有能力回报薪酬委员会，这种影响就不可能消除。Bebchuk 和 Fried 曾详述阻碍薪酬安排过程中立性的几种要素：经理人对董事遴聘之影响力；经理人对合作董事提供奖励的能力；社会及心理因素使得董事偏袒经理人；董事偏袒管理阶层所需承担成本十分有限；董事缺乏足够的时间和资讯作出判断。[②]

我国金融机构还有更为特殊复杂的情况。仅从银行业来看，我国目前大

---

① 根据 2010 年年报的数据计算，民生银行支付 5 名独立董事的薪酬总额达 488.5 万元，平均为 97.7 万元，其中最高薪酬王联章曾在著名地产公司和多家外资银行有过任职经历，是民生银行董事会审计委员会、风险管理委员会和提名委员会委员及薪酬与考核委员会主席。2013 年，A 股上市公司为独立董事支付了 4.25 亿元的薪酬。

② Lucian Bebchuk and Jesse Fried, Pay Without Performance:The Unfulfilled Promise of Executive Compensation, *Journal of Corporate Law Studies*, Vol.5, 2004, pp. 42-43.

型非政策性银行多为国有性质①，包括中国工商银行、中国农业银行、中国银行、中国建设银行、交通银行，招商银行、上海浦东发展银行、中信银行、中国光大银行、华夏银行、兴业银行、广发银行。这些银行在中国金融体系的重要性不言而喻，其中中国银行、中国建设银行、中国农业银行还入围FSB全球系统重要性银行。与其他国有企业一样，由于国有资产出资人的缺位，造成高管薪酬表面上由国资委行使制定权、审核权，但落实到具体安排还是由高管本身决定，因而独立的薪酬委员会显得更为重要。在2010年银监会发布的《商业银行稳健薪酬指引》要求设立"相对独立"的薪酬委员会之前，对于国有独资银行，参照国务院国资委《关于进一步加强国有独资公司董事会建设的指导意见》和《董事会试点中央企业董事会规范运作暂行办法》规定，遵循其有关薪酬与考核委员会设立和职责等规则；对国有资本控股和参股银行，根据证监会《上市公司治理准则》，其高管薪酬政策与方案由董事会下设的薪酬与考核委员会制定。也就是说在我国未进行金融业薪酬体系改革之前，上述银行也都设有薪酬委员会。虽然我国未受到国际金融危机的强烈冲击，但金融业薪酬体系仍然遭到公众质疑：无论是天价薪酬事件，还是高管放弃全部年薪的做法②，都备受争议，可见金融机构薪酬制定的随意性以及公众对于金融业高管薪酬有着更高期待。追根溯源，造成这种现象很大程度是由于薪酬体系的制定主体无法保持独立，存在自定薪酬嫌疑。加之，我国又有着注重人情的历史文化背景，如何保证我国金融机构薪酬委员会的独立性更加任重而道远。

---

① 这里的国有性质是指不仅包括国家直接控股并为第一大股东的金融机构，还包括国有法人为第一大股东的金融机构。

② 中国平安先是于2007年陷入"高薪门"事件，多名高管巨额薪资曝光，其中平安保险股份有限公司马明哲的6 616万元年薪更是引发舆论哗然，后其高管马明哲在2008年又宣布自己领取零年薪，再次引发争论。信息来源：http://finance.ce.cn/money/200902/24/t20090224_14255663.html，2015年9月访问。

（二）金融机构薪酬委员会缺乏足够的专业性

由于金融机构的风险特殊性和复杂性，特别是金融机构的薪酬委员会不仅需要负责高管的薪酬制定，还要担任起设计其他涉及风险操作关键岗位人员薪酬的责任。因而对薪酬委员会的专业性要求应当高于其他类型企业的薪酬委员会成员，笔者认为满足金融机构薪酬委员会所谓的专业性应当具备两个基本要素：一是有过金融机构，特别有相同类型金融机构风控管理工作的专业知识和经历；二是要有薪酬设计或是人力管理学方面的工作经验和知识。但目前金融机构的薪酬委员会成员的筛选更注重的是其社会影响力，而不是其对金融机构风险和薪酬安排的了解程度。笔者选取了我国十家大型银行薪酬委员会成员背景作简单统计（以 2015 年 9 月查找的资料为限）（见表 3.1）。

表 3.1　　　　　　　　薪酬委员会专业性与独立性统计　　　　　　　　单位：人

银行名称	薪酬委员会人数	有过类似金融机构风控工作经历/知识的人数	薪酬设计、人力资源管理经验/知识	二者皆具备	同时兼任风控委员会职责人数
中国银行	5	2	4	1	1
交通银行	5	2	3	1	0
中国农业银行	5	2	3	1	1
中国工商银行	9	5	7	3	1
中国建设银行	7	2	4	2	3
民生银行	6	3	5	2	2
招商银行	5	2	4	1	0
上海浦发银行	5	3	3	1	1
交通银行	5	2	4	1	0
民生银行	9	5	5	1	3

观察上述银行薪酬委员会组成状况会发现，薪酬委员会的董事成员中，同时兼具上述两者知识储备或经验的只占非常小的比例。这意味着，银行并未充

分意识到薪酬与风险之间的联系，而要制订出与金融机构风险长期挂钩的薪酬方案的前提是对制订出的薪酬方案所可能产生的风险和激励效果有充分了解。加之金融机构的风险常常表现为聚少成多，环环相扣，因而熟悉各产品线的风险暴露、成本及衍变情况对薪酬体系制定者是必备的知识储备。只有同时具备这些专业知识和经验的人，才可以制定出符合稳健运行目标的薪酬体系。我国对独立董事的选择通常偏爱具有较高知名度的学者，他们具备深广的理论知识储备，但在类似金融机构工作经验的缺乏往往被忽略，因而他们信息的获取多依赖于公司管理层提供，也就意味着总经理等高管人员控制了大部分薪酬委员会所需的信息，这些独立董事的决策难免受高管人员意志的影响。

此外，由于金融机构的薪酬制定工作与风险紧密相连，薪酬委员会与风控部门的关系应当密不可分。Tao 和 Marion 曾以 2006—2008 年金融危机期间澳大利亚的 716 个金融类公司——年份观测值为样本，通过观察这类公司薪酬委员会成员与风险控制委员会成员的任职情况发现，当有董事同时兼任这两个委员会的成员时，可以有效降低各委员会之间的信息不对称程度，从而能够监督公司的风险敞口和经理人总体薪酬组成中的风险承担比例，使得公司风险与业绩表现具有相关关系[①]。而从上述银行的架构和相关要求中观察到，同时兼任风控委员会的薪酬委员会成员的比例也相当之低。上述 10 家大型银行在国内已经代表了较高级别的金融机构的公司治理水平，即使如此，也未建立起薪酬制定部门与风险监管部门紧密的合作联系机制。

二、完善薪酬委员会制度建议

薪酬委员会成员之资格的重点在于：独立与专业。独立性的要点并非在于

---

① Tao, N. B. and M. Hutchinson, Corporate Governance and Risk Management: The Role of Risk Management and Compensation Committees, *Journal of Contemporary Accounting & Economics*, Vol.9, 2013.

薪酬委员会成员与公司关系亲疏与否，其关键在于薪酬委员会可以行使实质上的独立判断权及监管权，中立客观地执行各项监督工作，并能抗拒其他董事或管理阶层的压力，独立行使职权而不受公司经营者的牵制。否则独立性可能沦为形式上的虚置要求。对于薪酬委员专业性的要求，限于我国现状很难通过法律规则强制要求，但监管当局可提出供参考的要求，由董事会自行决定。薪酬委员会的实质性独立和专业性依赖于完善的法律制度来确保其运行，通过程序性的规范和制度建立完善统一的监管规则十分必要。

（一）独立薪酬委员会法律规范

FSB 在 2009 年发布的《稳健薪酬监管原则》中提到所有关乎风险控制管理的董事会成员（包括负责薪酬制定的薪酬委员会成员）必须保持独立性，尤其提到其自身薪酬一定要与短期的绩效脱钩，独立于机构内其他业务线。但就具体如何才具备"独立性"的标准并未有详细叙述。在随后各监管机构颁布的不同限薪令来看，也只有欧盟的资本要求指令 CRD Ⅲ 中提及薪酬委员会的成员不得从事任何相关业务活动[①]。同样，我国现行法律规范中均有对金融机构薪酬委员会独立性的要求，《商业银行稳健薪酬监管指引》规定商业银行要建立"相对独立的薪酬委员会"，保监会发布的《保险公司薪酬管理规范指引（试行）》规定保险公司的薪酬委员会应由相应的独立董事担任薪酬委员会主任，《证券公司治理准则》规定薪酬与提名委员会的负责人应当由独立董事担任。可见，我国监管部门对于薪酬委员会独立性的要求不完全一致。薪酬委员会的独立应当包括两层含义：一是委员的组成是否能保证薪酬委员会整体的独立性；二是委员自身的独立性如何保障。

对于薪酬委员的构成，我国目前的规则大多只要求薪酬委员会主任是独立董事。独立董事可以相对较高程度地保证薪酬委员会的独立性，但如考虑到我

---

① Directive 2006/48/EC, Relevant Provisions in Regard to Remuneration.

国金融领域独立董事人才的稀缺,以及独立董事对金融机构内部情况的了解不够深入,需要和内部董事互相配合才能制订出符合本机构稳健发展的薪酬计划,因而要求一定比例的独立董事即可。那么符合何种标准才算达到"独立性",国内可参照的法规是关于上市公司独立董事的独立性规定,即证监会发布的《关于在上市公司建立独立董事制度的指导意见》,其中规定:下列人员不得担任独立董事:(一)在上市公司或者其附属企业任职的人员及其直系亲属、主要社会关系(直系亲属是指配偶、父母、子女等;主要社会关系是指兄弟姐妹、岳父母、儿媳女婿、兄弟姐妹的配偶、配偶的兄弟姐妹等);(二)直接或间接持有上市公司已发行股份1%以上或者是上市公司前十名股东中的自然人股东及其直系亲属;(三)在直接或间接持有上市公司已发行股份5%以上的股东单位或者在上市公司前五名股东单位任职的人员及其直系亲属;(四)最近一年内曾经具有前三项所列举情形的人员;(五)为上市公司或者其附属企业提供财务、法律、咨询等服务的人员;(六)公司章程规定的其他人员;(七)中国证监会认定的其他人员。综观我国现有的薪酬监管规则,会发现对"独立性"具体要求都未作出规定。这就意味着:一是要在非上市金融机构中普遍建立薪酬委员会,且要求由独立董事组成,须有统一的法律法规作支撑;二是薪酬监管的法律法规应当对独立董事的独立性作出要求。具体哪些金融机构需要建立薪酬委员会,由薪酬监管当局限定的监管对象范围决定,在本书下一章会具体讨论。关于独立性的要求,笔者建议除了参考银监会的规定,还可以借鉴美国纽约证券交易所对独立董事的界定方式,即用负面清单的方式认定董事与上市公司具有"实质关系"[①],包括:(1)现在或前三年间曾受雇佣于该公司,或与现任董事有亲属关系;或前三年间曾为公司经理人;(2)董事或其亲属在独立任期起算前三年中任何连续十二个月期间,除领取董事及董事会

---

① SEC. § 303A.01 Commentary,NYSE Listed Company Manual.

下设委员会的服务报酬、退休金及过往服务费用外,领取超过12万美元的报酬;(3)董事现为负责公司内部或外部稽核事务所之合伙人或受雇人,与公司合作之前任;(4)董事或其近亲属在过去三年内曾为他公司经理人,而上市公司的任一经理人曾担任他公司的薪酬委员会成员者;(5)董事现为公司员工或与现任高级经理人之间具有亲属关系,且于前三个会计年度内任一会计年度领取超过100万美元或20%公司总营业收入的。

此外,保证薪酬委员会意志独立的一个重要措施是确保成员自身报酬的发放是独立进行的,即根据成员在公司的重要地位决定,独立于由其负责业务领域,对业绩的考核原则上依据薪酬目标实现情况而定,不同其监管业务领域的业绩挂钩。我国《上市公司建立独立董事制度的指导意见》规定,"上市公司应当给予独立董事适当的津贴,津贴标准由董事会制订预案,股东大会审议通过,并在公司年报中披露"。除此之外,并没有其他法律规范对独立董事的薪酬发放具体约束和指引,对于被纳入薪酬监管范围的金融机构,其薪酬委员会薪酬是否应当由谁支付和承担,也是值得探讨的问题。

(二)提高薪酬委员会资质标准,强化与风控部门合作

FSB在2009年发布的《稳健薪酬监管原则》中强调薪酬委员会的专家需拥有足够的专业知识储备和经验,以便抓住问题的本质。同时,他们也需具有通过建立在对过去风险状况了解的基础上,在金融机构遭受损失时重新调整薪酬方案的能力。我国2010年的《商业银行稳健薪酬监管指引》特别强调了"薪酬管理委员会(小组)应熟悉各产品线风险、成本及演变情况"。2012年的《保险公司薪酬管理规范指引(试行)》规定"董事会薪酬委员会可以就公司薪酬管理体系对风险、合规管理的影响及关联性征求其他相关专业委员会意见"。这都意味着金融机构的薪酬委员会成员的专业性与其他机构的要求有所不同,且与金融机构的风险暴露息息相关,而前文中的调查也显示出我国在此方面的实践还有很大距离。若要更好地发挥薪酬委员会在设立薪酬体系时起到的风险

调控作用，应做到下列几点：

1. 薪酬委员会成员需具有类似金融机构的从业经验，熟悉服务的金融机构风险特征及所有涉及风险操作的流程及作用机制。由于金融机构类型繁多，涉及保险、银行、信托、基金等不同领域，尽管金融行业的薪酬体系有其共性，监管规则也为金融机构提供了一套参考的标准。但具体到不同类型的机构，其业务结构、商业模式、营运管理等都会带来不同的风险特质和风险传导周期，因此只有熟悉该类型金融机构运营的成员，才可能制定出符合稳健监管目标的具体薪酬体系。

2. 薪酬委员会成员应当有丰富的人力资源管理、法律等方面的知识。任何机构组织的薪酬体系设计都是人力资源管理的重要部分，对薪酬体系的监管不仅仅是要平稳风险，更要兼顾和顺从金融机构的竞争属性，激励金融界人才发挥其作用为金融业发展作出贡献。拥有人力资源管理等方面知识的薪酬制定者更懂得如何通过不同的激励手段提高员工工作效率，同时兼顾对内公平、对外具有竞争力的标准。此外，必要的法律知识可以保证薪酬委员会制定的薪酬体系安排符合法律规定，以保障公司和员工的合法权益。

3. 设立与风控部门、人力资源部门等定期、有效的沟通机制，保证薪酬委员会有准确、透明的信息来源。由于金融市场瞬息万变，金融机构的风险控制也需不断调整策略，建立良性沟通机制有助于薪酬委员会动态监管已定薪酬安排执行效果，根据新的情况不断调整薪酬政策。薪酬安排中的绩效指标应当明确包含全面反映市场风险、信用风险、操作风险、法律风险、合规风险和声誉风险等风险指标，根据风险暴露时间和风险类型递延支付高管薪酬，使薪酬制度不仅能够反映银行当前的利润和风险，且能反映未来的潜在损失和风险。因而，薪酬设定与风控部分应当紧密联系、定期沟通、信息共享，才能达到上述要求。

不得不提的是，独立性与专业性之间有一定的紧张关系。当薪酬委员会的成员是独立董事时,其独立性可能高于内部董事,但独立董事对金融机构的运行、产品线及其风险呈现状况等的了解程度要低于内部董事。薪酬委员会应当由内部董事和独立董事共同组成,互相配合,才能起到薪酬委员会应有的作用。

第二节 薪酬顾问

薪酬委员会是制定薪酬政策的主体,但鉴于上文所提,其独立性与专业性之间存在一种紧张的关系,绩效评估、薪酬制定这一专业行为往往受到其独立性要求的阻碍。寻求薪酬顾问的专业咨询不失为解决之道,且会提高薪酬安排的过程效率[①]。薪酬顾问[②]在金融机构薪酬制定中的代理问题方面能够起到重要的作用。相对来说,在薪酬顾问的监督下,高管对于董事会和薪酬委员的影响力将会有所减弱。因为明显偏向于高管利益却损害股东利益的股票期权薪酬会受到薪酬顾问的反对,从而董事会和薪酬委员会不得不慎重考虑薪酬顾问的意见,部分地修正对于高管的偏向性。此外,薪酬顾问的专业意见能够有效地解决因为薪酬委员会中独立董事缺乏专业知识,致使其作用有限的问题。正如科菲教授所言,"在其他国家,运用法律诉讼制约公司经理的策略更难实行,原因在于,这些国家没有建立或拒绝效仿美国的一些法律诉讼机制,比如集团诉讼和胜诉酬金制等。这些国家必须更加依赖看门人策略。"[③]有学者甚至认为"与其强制要求上市公司设置薪资报酬委员会,不如强制要求各公司将薪资

---

① Walker D I. 13.*The Law and Economics of Executive Compensation: Theory and evidence*. Research Handbook on the Economics of Corporate Law, 2012, p.232.

② 《上市公司股权激励管理办法(试行)》(以下简称《股权激励办法》)将为公司的股权激励计划发表专业意见的机构称为独立财务顾问。本章遵循英国、美国等国的习惯,除特别说明外,以薪酬顾问称之。

③ [美]约翰·C.科菲著,黄辉、王长河等译:《看门人机制:市场中介与公司治理》,14页,北京,北京大学出版社,2011。

报酬方案送请具有薪酬分析专业之顾问为合理性之分析,并强制揭露,或许将收效更宏,而付出成本更低。"①

但同时,薪酬顾问与股东、公众利益冲突可能发生的偏颇行为也受到质疑。法律如何在此寻求一个平衡点值得讨论。

一、薪酬顾问作用及利益冲突

按照 RuthBender 教授对英国富时 350 指数公司的调查后,认为薪酬顾问主要起到三种作用:"第一,作为专家,提供'市场'数据等协助薪酬委员会确定薪酬的基准;第二,帮助薪酬委员会设计合理的薪酬框架、结构等;第三,为薪酬委员会的薪酬决策提供正当性支持。"②薪酬委员会对薪酬制定投入的时间精力有限,掌握的资讯同样有限,如要作出专业的薪酬政策,依赖薪酬顾问十分必要。特别是薪酬委员会不可能掌握到其他公司的薪酬信息,无法参考,但"薪酬顾问可以接触到各个公司不能直接共享的薪酬数据。各个公司在参与顾问的薪酬调查时已达成共识,它们各自的数据都是保密的,彼此不能共享,只有薪酬顾问可以使用这些数据改善其客户的薪酬方案。"③在薪酬决定过程中,寻求独立的薪酬顾问提供关于复杂薪酬安排在经济、税务、会计等多方面产生的可能影响的建议供薪酬委员会参考,有利于作出更符合股东利益的决策。对于金融机构而言,薪酬制定不仅仅要符合股东利益,也要符合公众利益,尽管通常而言股东长远利益与公众利益相同。薪酬顾问可以担当平衡这一利益的角色,在制定薪酬制度时,考虑到风险暴露的特殊性,将薪酬与风险挂钩,督促薪酬委员会制定稳健薪酬政策。金融机构聘请薪酬顾问,对于维护薪酬委员

---

① 陈俊仁:《公司治理与董监事暨经理人薪资报酬决定权——薪资报酬委员会制度规范之商榷》,载《月旦法学杂志》,2012(207):48。

② Ruth Bender, Executive Compensation Consultants, *Ssrn Electronic Journal*, March 12, 2011.

③ [美]卢西恩·伯切克、杰西·弗里德著,赵立新等译:《无功受禄:审视美国高管薪酬制度》,63 页,北京,北京法律出版社,2009。

会成员中独立董事的声誉，以及树立金融机构健康发展目标的公众形象，有着非常重要的作用。

薪酬顾问能够增强信息披露可信度的前提是他们所发表的专业意见必须客观公正，没有受到外界不正当的影响。假如该意见是基于"向公司提供其他服务合同"等与其履行义务存在利益冲突（Conflicts of Interest）的考虑，那么，此时所谓的"独立"薪酬顾问在事实上就会倾向于维护高管的利益，[1] 从而为可能损害股东利益的股票期权激励计划提供"背书"。最后的结果是，薪酬顾问的出现，不仅没能有效地解决高管股票期权薪酬中所存在的代理问题，反而将这些问题予以"正当化"。然而，薪酬顾问的聘用与否受到高管影响，其中立性难免受到质疑。此外，薪酬顾问所在公司与受聘企业常常存在其他业务往来，提供薪酬服务的咨询公司往往兼有与服务对象其他的合约，如管理退休金资产、人力资源计划、精算服务等。这样的利益冲突可能会使得咨询公司为保持良好的合作关系，可能提供管理层较高意见，失去中立立场。[2] 理论如此，相关的实证研究也证实了这一点：薪酬专家 Murphy 和 Sandino 在比较分析了英国、美国、加拿大三国的相关数据后，认为"有利益冲突的薪酬顾问（主要是提供其他服务和保持与公司的合作关系），会导致更高的薪酬"[3]。

二、解决之道——《多德—弗兰克法案》借鉴及国内薪酬顾问法律规范完善

咨询公司往往需要树立起专业独立的形象，因而公司为保障薪酬咨询的独

---

[1] Edward M. Iacobucci, *The Effects of Disclosure on Executive Compensation*, 48 U. Toronto L.J. 489, 496（1998）. 因为高管直接决定着薪酬顾问能否向公司提供其他服务以及薪酬顾问是否能够继续和公司保持合作。

[2] Larcker D F, Tayan B, *Seven Myths of Executive Compensation*. Rock Center for Corporate Governance at Stanford University Closer Look Series: Topics, Issues and Controversies in Corporate Governance, No. CGRP-17, 2011.

[3] Kevin J. Murphy & Tatiana Sandino, Executive Pay and "Independent" Compensation Consultants, *Journal of Accounting and Economics*, Vol.49, 2010.

立性，也会有相应的自我约束，诸如针对同一家公司仅提供薪酬咨询①或是将不同业务相隔离，如最大的薪酬方案供应商之一——Hewitt Associates。但似乎效果并不明显，至少对于金融机构而言，其不合理的薪酬政策在上次金融危机中有着不可推卸的责任。咨询公司的专业人士理应注意到当时薪酬政策极大地刺激了过度风险行为这一弊端，但仍然未能在此作出有益于金融机构长久发展的稳健薪酬建议。可见，利益冲突的普遍存在极有可能导致薪酬顾问倾向于维护公司高管的利益，然而，要解决这些利益冲突问题，仅依靠薪酬顾问的自觉、市场竞争的压力以及声誉的约束等，事实证明显然是不够的。因此，法律对于规范公司与薪酬顾问之间利益冲突起着重要作用。通过聘请专业的薪酬顾问增强薪酬委员会的专业性，这是美国最为通行的办法，而同时法律应当提供薪酬顾问本身独立性。美国《多德—弗兰克法案》为强化薪酬顾问的独立性，从以下几个方面作了规定：

1."薪酬委员会聘任符合独立性标准的薪酬顾问及其他顾问，公司有义务支付薪酬顾问合理报酬"。②这意味着，薪酬委员会有权力基于公司利益独自负责薪酬顾问的选任、聘用和薪酬待遇。如此一来，"薪酬顾问会认为是公司的薪酬委员会而不是CEO负责整个薪酬的制定"，③从而使其较少地受到公司高管的影响。至于如何选任符合"独立性"标准的薪酬顾问，法案提出了考量标准：（1）薪酬顾问所在公司（咨询公司）是否为服务公司提供其他服务；（2）咨询公司从服务公司获得报酬的数额及其咨询公司总收入中所占比例；（3）咨询公司自身与利益冲突相关规定；（4）薪酬顾问与独立薪酬委员会成员的商业或私人关系；（5）薪酬顾问持有服务公司股份情况。

---

① 例如：美国的 Frederic W. Cook 和 Pearl Meyer。
② 《多德—弗兰克法案》第 952 条。
③ Martin J. Conyon，New Perspectives on the Governance of Executive Compensation: An Examination of the Role and Effect of Compensation Consultants，*Journal of Management & Governance*，Vol.15，2011.

2. 信息披露。尽管薪酬顾问所在公司为服务公司提供其他服务，但不必然会影响其独立性。鉴于法律并未禁止咨询公司只能向同一家公司提供薪酬咨询服务，《多德—弗兰克法案》规定公司需要披露相关信息，其中包括："薪酬委员会对薪酬顾问的建议采纳或保留情况；以及薪酬顾问工作是否引起了利益冲突；如果是，冲突的性质及冲突是如何被解决的。"①

3. 责任承担。除此之外，对于违反相应义务所需要承担的民事责任法律也作出了相应规定。

在薪酬顾问向客户公司提供薪酬服务之前，对利益冲突问题进行法律规范，固然能够促使薪酬顾问发表客观公正的专业意见，然而，独立性并非薪酬顾问圆满地履行自己职责的充分条件，诸如粗心大意、敷衍了事、对可能的违法行为视而不见，甚至故意协助薪酬委员会制定偏向于高管的薪酬等，都可能使得薪酬顾问不能完全服务于股东的利益。因此事后的民事责任追究机制也具有相当的重要性。正如科菲教授所言："如果看门人可能受到投资者法律诉讼救济机制的制约，那么，即使在他们没有重大声誉资本的情况下，他们也会同样面临潜在损失大于其同流合污的可期待收益的问题。由于看门人在本质上只是其客户的代理人，因此，他们收取的中介费可能远小于那些客户自己从交易中获得的收益。这样，与他们的客户相比，看门人从欺诈行为中获得的利益很少，也从而更容易被潜在的损失威慑住。"② 然而，"学者们并没有就看门人

---

① 《多德—弗兰克法案》第952条（c）（2）。自2003年起，英国上市公司必须披露向薪酬委员会提供实质性建议或者服务的任何人的名字、其所起的作用、是否由薪酬委员会任命了该人以及该人是否提供了其他服务。自2005年起，加拿大上市公司必须披露其是否聘请了薪酬顾问以及向其支付的薪酬数额。参见 Conyon, M.J., Peck, S.I. and Sadler, G.V, *Executive Compensation Consultants and CEO Pay*, Working Paper, May 19, 2011。

② [美]约翰·C.科菲：《看门人机制：市场中介与公司治理》，7页，北京，北京大学出版社，2011。

何时、是否应当对于发行人的误导性陈述和欺诈等承担责任达成一致意见。"① 按照美国《证券法》的规定，看门人承担的是过错推定责任，其能够因已经尽到了合理谨慎的义务（Due Diligence）而免责。② 但是，当采用该标准时，法院和监管者不可避免地在决定什么是最优的合理谨慎义务方面发生错误。更重要的是，在决定看门人是否进行了足够的监督方面发生错误。尤其是，当看门人的行为变得复杂和法律模糊不清的时候，这些错误会被放大。

所以，有的学者提出了完善薪酬顾问民事责任的建议，将其责任定为严格责任，即当薪酬顾问不能以尽到合理谨慎义务而免责。与此同时，薪酬顾问责任也不能无限放大，这样可能会使得看门人过于谨慎、收取高额的服务费甚至拒绝承担看门人角色，所以应该规定一个责任的上限，这种上限可以其收到的服务费作为基准，③ 例如，责任上限可以是其收到的服务费的3倍。但该上限最大的问题是没有将薪酬顾问违反义务行为的社会成本内部化，其实际承担的赔偿责任和其对投资者造成的损失并不相称。④ 另外一种方法，可以将发行人的赔偿额作为基准，⑤ 例如，看门人的责任上限可以是发行人赔偿额的10%等。本章赞同后面一种方法，但面临的问题是，定多少比例较为合适，这并无绝对正确的答案。

国内对于"薪酬顾问"的讨论非常之少，并不是国内无人实践这一制度，根据拥有最多客户的 Tower Watson 介绍来看，国内的众多金融机构都采用了薪

---

① Partnoy, *Barbarians at the Gatekeepers?: A Proposal for a Modified Strict Liability Regime*, p.491.

② Partnoy, *Barbarians at the Gatekeepers?: A Proposal for a Modified Strict Liability Regime*, pp.513–514.

③ John C. Coffee, Jr., *Gatekeeper Failure and Reform: The Challenge of Fashioning Relevant Reforms*, 84 B.U. L. Rev. 301 (2004).

④ Partnoy, *Strict Liability for Gatekeepers: A Reply to Professor Coffee*, p.371.

⑤ Partnoy, *Barbarians at the Gatekeepers?: A Proposal for a Modified Strict Liability Regime*, p.540.

酬顾问。之所以理论讨论很少，可能源于目前法律对薪酬顾问并未过多的规定：《上市公司治理准则》第五十七条规定，"各专门委员会可以聘请中介机构提供专业意见，有关费用由公司承担"、《关于在上市公司建立独立董事制度的指导意见》第七条第四项规定，"独立董事聘请中介机构的费用及其他行使职权时所需的费用由上市公司承担"，《董事会专门委员会实施细则》第十八条规定，"如有必要，薪酬与考核委员会可以聘请中介机构为其决策提供专业意见，费用由公司支付"。在金融机构薪酬监管领域，并无特别规定。因此，笔者建议引入该制度时，参考《多德—弗兰克法案》的规定，完善国内的这一规则。

第三节　股东咨询性投票制度

股东咨询性投票制度（Say-on-Pay）是指通过不具有法律约束力的股东大会对薪酬方案的决议增强股东在薪酬制定方面的话语权。这一制度是股东权力强化、股东行动主义[①]的体现。即使股东的投票权没有强制力，但在某种程度上平衡了股东对于管理层薪酬决定的力量，提升股东对公司事务决定的影响力，确保董事会和管理层最大限度地对股东负责。这意味着董事会在制定薪酬体系时要充分考虑到股东的非强制性意见，同时，也督促股东对薪酬制定的参与度，将公司长久利益与股东利益挂钩。本节探讨的内容是，股东话语权在我国薪酬监管领域是否值得借鉴，我国若引入该制度，可能遇到的法律障碍，以及如何与国内法律体系兼容。

一、股东咨询性投票制度发展及立法依据

股东咨询性投票制度起源于 2002 年的英国，《董事薪酬报告条例》第一次

[①] 股东行动主义强调股东推动公司治理的同时发挥制衡作用。

以法律形式将该制度确立下来，随后在2006年的《公司法》中又有体现，[①] 其中第四百三十九条规定，在每个财务年度股东大会前，董事会需要确保股东收到关于大会将提交董事薪酬的报告，内容关乎薪酬委员会成员信息、董事股票期权等薪酬构成等信息，股东对此进行表决。当然，表决的效力不足以迫使董事会对薪酬计划作出改变，即没有法律约束力的表决。随后瑞典、澳洲、荷兰、挪威等多国在此基础上建立自己国内相应的制度，其中荷兰将股东咨询性投票制度进一步强化为每年一次对高管薪酬安排有约束性的投票权制度。此项制度在金融危机后重新被重视，美国的金融监管改革体现得尤为明显。2009年美国《不良资产救助计划》（American Recovery and Reinvestment Act of 2009）要求受到联邦政府紧急援助的金融机构必须赋予其股东"咨询性投票权"[②]，之后著名的2010年《多德—弗兰克法案》（《华尔街改革和消费者保护法案》）将这一范围扩大至所有上市公司。该规则被增订在《证券交易法》中，具体表决内容即SEC适用于所有上市公司关于高管薪酬信息披露的Regulation S – K 402款（SEC有权豁免特定的小型上市公司遵守其中某些规定的义务），其主要内容[③]是：（1）至少每三年（具体频率可由股东自行设定）股东需在股东年会上对公司的上一年度高管薪酬方案进行建议性投票；并且至少每六年股东有权对该频率进行表决；（2）详尽的信息披露要求，要求公司以提交表格形式披露各项高管薪酬信息，包括（第五章将详细分析）长期薪酬与短期薪酬、货币薪酬与非货币薪酬，以及长期薪酬中各种报酬形式之间的比例分配政策，高管薪酬与公司业绩之间的关联情况，高管自身工作与薪酬关联情况，调整高管薪酬时考虑的因素，高管现行薪酬与退休金之间联系等详细信息。投票的结果同样不具有法律约束

---

① Companies Act 2006，Chapter 9，pp.439– 440.
② American Recovery and Reinvestment Act of 2009，SEC.7001，H. R. 1–405，（e）.
③ 根据Dodd–Frank Wall Street Reform and Consumer Protection Act，SEC.14A；Shareholder Approval of Executive Compensation of Security Exchange Act of 1934。

力。在全球对危机反思并进行监管改革的潮流中,德国同样吸收了这种做法,相对于英美,这一制度在德国更为柔和。德国法律并未强制规定股东需要作出表决的频率。董事会虽被要求强制提交薪酬议案,具体内容也不如英美要求的详尽。这同时意味着,这一制度在德国可能未必会产生良好的效果。

以上是股东咨询性投票制度在金融危机后的发展概况,尽管股东的表决对最终薪酬方案不能产生强制性作用,但其通过唤起股东参与薪酬制定的积极性,详尽的薪酬信息披露及舆论压力等会督促董事会在制定公司薪酬体系时恪尽谨慎合理义务。那么在金融机构薪酬体系设定中,股东咨询性投票制度是否可以发挥其作用,促使薪酬体系更加稳健?这一制度设计的前提是股东和公司利益保持高度一致,有足够的动力关心薪酬方案。但金融机构,特别是商业银行等吸收公众存款类的金融机构,有着高杠杆率,在责任有限的公司制度下,股东风险行为的获利与其承担的损失不对等。因而有股东利益与金融机构长远利益不完全一致的担心。不仅如此,存款保险制度的存在和默认的国家担保更是降低了股东的冒险代价。诚如得州大学(University of Texas)法学教授伯纳德·布莱克(Bernard Black)所言:"我们尚未看到机构股东尽力影响薪酬水平。这要么是因为他们不在乎薪酬做法,要么是因为短期资本经营者自己也收入颇丰,总之他们没有上蹿下跳。"[①] 鉴于此,有观点认为薪酬建议权可能并不能有助于监管薪酬体系目标的实现。诸如此类的质疑不无道理,然而,笔者认为股东的咨询性投票制度并不能一蹴而就地解决所有薪酬问题,但如果在监管机构的合理引导下,发挥股东积极主义积极的一面,会更好地平抑公司治理中缺失问题,这也是该制度的立法依据。

(一)金融机构股东加重责任理念盛行

在2009年G20伦敦峰会上,各国代表就"预防纳税人损失,由股东和非

---

① Colin Barr, Why "say on pay" Won't Work, Fortune, November 16, 2009.

担保债权人承担损失"的这一政策达成高度共识。[①] 从 bail-out（利用纳税人资金纾困银行）到 bail-in（银行自救），金融监管领域意识到利用政府注资的方式产生的危害：鼓励了金融机构从事高风险行为而不用为此可能产生的失败结果负责，恶化道德风险，加剧了太大而不能倒的问题。因而，对于陷入困境的银行需要有替代性的解决方案，股东必须在法定条件下为金融机构纾困尽到更多力量。从各国的金融改革措施中不难发现，金融机构公司治理中股东责任的加重是必然趋势，由此，股东将更加关心公司的稳健运行，作为公司治理中重要部分的薪酬体系制定，理所当然将受到股东重视。在股东利益与金融机构长远利益更加统一的背景下，股东咨询性投票制度必然会发挥良性作用。为了不打破传统公司法的理念，董事会负责薪酬的同时，赋予股东无法律约束力表决权利的设计，既有一定的法律基础，又对薪酬制定者起到一定约束作用。

（二）股东咨询性投票制度并非对薪酬高低进行表决，而是对薪酬体系的设计是否符合稳健运行标准作出股东的判断

对金融机构薪酬规制的目的之一在于通过合理的薪酬安排平缓高管及关键岗位员工过度风险行为动机，将薪酬与金融机构稳健运行挂钩。不同于以往对薪酬高低的关注，股东咨询性投票制度要求董事会提供的薪酬信息更多的是传达制定者在设计薪酬时考虑的原则和因素，特别是如何通过薪酬结构的调整、发放周期的选择及多种金融工具的运用，来达到将风险与高管及关键岗位员工的薪酬相吻合之目标的信息。作为公司股东，通常对公司运营有更深刻的理解，对市场和风险有独到的判断，股东参与薪酬制定结果的评判更有利于薪酬监管目标的达成。

随着这一制度的推行，股东在薪酬制定方面发挥的作用也日益体现出来，Mathias Kronlund 和 Shastri Sandy 在 2014 年的一篇文章中，通过对 1 669 家公

[①] FSB, *Key Attributes of Effective Resolution Regimes for Financial Institutions*, 2011, p.3.

司样本的分析，得出"在实行股东薪酬咨询性投票制度后，高管薪酬结构日趋合理，薪酬信息更为透明，其动机与股东联系更为紧密"。① 文章同时指出，尽管该制度并未能在高管薪酬支付总额上有所降低，但诸如延迟支付、限制性股票权等方式的薪酬给付方式比例明显增加。

二、我国金融机构高管薪酬最终决定权现状及完善

我国并无统一法律规则适用于所有金融机构高管薪酬设定程序。《公司法》明确规定了高管薪酬的决定权在董事会。② 其他可供参考的相关法律包括针对国有独资企业、国有资本控股企业的高管薪酬规定，对上市公司高管薪酬决定机制的要求，以及银监会对商业银行薪酬体系作出的指引。《中华人民共和国企业国有资产法》专门针对国有独资企业出资人代表的高管薪酬的审查决定权作了规定，其中第二十七条和第二十九条规定，履行出资人义务的机构应按照国家规定确定其任命的国家出资企业管理者的薪酬标准。对于国有独资或国有资本控股企业而言，出资人代表对两类企业的高管薪酬拥有最终决定权，表现为批复、审核、确定等。③ 2009 年财政部发布的《关于国有金融机构 2008 年度高管人员薪酬分配有关问题的通知》要求国有金融机构按该通知规范制订高管人员薪酬方案，履行相关决策程序确定。其中，股份制国有金融机构要根据公司治理要求，对董事长、监事长、执行董事及其他按规定需由股东大会审议薪酬的人员，将其薪酬方案提交股东大会审议决定，其他高管人员薪酬提交董

---

① Mathias and Sandy and Shastri, *Does Shareholder Scrutiny Affect Executive Compensation? Evidence from Say-on-Pay Voting*，April 15, 2015, Available at SSRN: http://ssrn.com/abstract=2358696.

② 《公司法》第四十六条（九）决定聘任或者解聘公司经理及其报酬事项，并根据经理的提名决定聘任或者解聘公司副经理、财务负责人及其报酬事项。

③ 根据国资委 2004 年《关于印发中央企业负责人薪酬管理暂行办法的通知》，其中第十七条规定，国资委对企业负责人年度薪酬方案进行审核，并对企业法定代表人的年度薪酬方案予以批复。企业其他负责人的年度薪酬方案，由企业按照本办法确定后报国资委备案。

事会审议决定。可见，履行国有企业出资人义务的机构须对高管薪酬负责，尽管现有法律未通过详尽制度安排解决出资人如何具体有效地履行这一职责。从同样具有公共性质的国有独资或国有控股企业的薪酬制定程序要求来看，薪酬体系通常由企业设计，而最终定夺权在国家出资代表人手里，国资委通常拥有对薪酬最终的决定权。但银监会发布的《商业银行稳健薪酬监管指引》及保监会出台的《保险公司薪酬管理规范指导》只强调了薪酬委员会负责设计薪酬体系，董事会对此最终负责。上述监管规则与国有企业相关规定如何统一适用尚无定论。综上可见，我国股东参与金融机构薪酬体系的程度还很低，即使是国有企业需要通过国资委这一虚拟股东对薪酬负责，但现有法律未通过详尽制度安排解决出资人如何具体有效地履行这一职责。

结合我国金融市场和金融机构的具体特点和发展趋势，如果在国内薪酬监管规则中引入股东咨询性投票制度，需要注意下列几点。

（一）我国金融机构引入股东投票制度，是否有法律支撑

从《公司法》来看，股东拥有对薪酬制定的话语权并不违反《公司法》赋予董事会对高管薪酬的最终制定权的规定，对董事会、股东大会、监事会权利的分配基本原则和理念也不会受到冲击。与现行各监管部门出台的金融机构薪酬体系制定相关的指引也并无实质冲突，因而引入该制度在国内并无法律障碍。在法律层面需要注意的是，对该制度的适用范围要保持一致和统一，由于金融机构涉及银行国有或非国有，因此若由不同监管部门制定相关规则，要避免重复和遗漏，也要保持规则的一致性，避免冲突。如对赋予金融机构的股东权利与银监会授予商业银行的股东的权利要协调统一。但基于对金融机构薪酬监管目标的理解，笔者认为无须刻意将金融机构的国有或非国有作为其中的区分标准。

（二）基于我国现有状况，在引入该制度时应作出相应调整以更好地适应国内的金融发展

我国金融机构的股权结构与英美的差别在于：尽管随着金融市场主体改革

的推进，金融机构股权在日益多元化发展，民营化程度也在深化。传统意义的国有金融机构逐步退出，但不得不正视的现状是我国商业银行、券商、基金、信托等金融机构仍然多由国家、央企和地方政府出资设立且控股，可见大股东的影响不言而喻。但同时，由于国有性质企业特殊的"股东缺位"问题[①]，这些国有金融资产代表人行使职能的积极性并不高，若期待股东咨询性投票制度推动制定稳健薪酬，需要解决两个方面的问题：一是如何督促国有金融资产代表人从所有者利益角度积极行使权利；二是如何将其他小股东的意见充分表达体现。解决第一个问题，需要一个长期的过程，加以一系列配套改革措施，诸如国有股份的逐渐退出、优化股权结构、促进投资主体多元化、放开民营资本的进入等。但这样的改革并非一朝一夕，需要长期的探索和实践。仅就对薪酬监管中股东投票权制度中国家资本代表如何发挥积极作用而言，可行的建议包括：（1）公开国有金融资产代表人对薪酬方案的态度，公众监督易行透明。信息的披露可见大股东对待薪酬的态度，从某种程度上避免了内部人控制的局面；（2）国有资产代表人应当通过派驻董事等方式深入了解金融机构，而非作为外生力量存在于公司治理中。如代表国家行使职能的汇金公司已经开始致力于此，派出全职股权董事参与控股金融机构的重大事项决策。[②] 稳健的薪酬体系促使其与经营成本、风险暴露相一致，因而对金融机构本身运营特点需要有足够的了解。作为股东身份的全职董事弥补了股东缺位的治理缺陷，对薪酬方案表达的意见也会更有价值。对于第二个问题，上述要求披露不同股东对薪

[①] 所有者"缺位"，是指在公司治理结构中，所有者功能丧失，没有行使正确合法的职能，造成空位现象。在国有金融企业中，由于公司的建立和公司股份化过程不是通过正常的市场运行手段逐步建立起来的，而大多是通过行政方式实现（国有商业银行和大多数股份制商业银行都是如此），因此，在公司实际运作中没人行使所有者的职能，造成"缺位"现象。这也是我国当前国有金融企业治理结构不合理、经营管理不善、不良资产比率高居不下、风险迭出的深层次原因之一。

[②] 吴晓灵：《汇金是国有金融机构改革重要平台》，载《金融时报》，2013-12-11。

酬制定的方式同样有助于解决这个问题①。此外，通常小股东不能发声的原因是信息不对称、无法对薪酬是否合理、符不符合金融机构稳健发展需求作出判断，或是没有渠道表达自身观点的简便渠道。因而除了要求对所有股东披露具体细致的高管薪酬信息外，监管规则中还应规范投票的程序，包括投票程序的提起、频率、参与方式，并且公开投票结果。

更加充分公平竞争的金融市场是中国未来发展的方向，收益与风险的承担应当对应。金融机构风险投资获取的收益主要分为经理人或是其他诸如从事风险业务关键岗位人员报酬、股东投资收益、国家税收，因而股东、经理人等应当在金融机构因长期风险积累发生流动性风险时也承担相应的责任。这意味着，股东与金融机构安危更加紧密联系，以微观资本监管、存款保险制度和最后贷款人机制形成的金融安全网带来的道德风险在股东身上会越来越少体现。薪酬制定作为公司治理的重要部分，股东需要通过适当的渠道来表达自己的意见，股东咨询性投票制度无疑会促进金融机构薪酬体系制定者更加注重薪酬与风险的关联。

---

① 郑观在：《上市公司管理层薪酬制定中股东话语权——股东咨询性投票制度对我国的借鉴意义》，载《当代法学》，2012（4）。作者表达了应将不同股东进行分类，统计结果后施以公开的义务观点，并认为达到一定持股比例的股东也有义务公布对薪酬计划的表决内容。

第四章
薪酬设计：与审慎风险行为挂钩

为了解决对短期收益过度关注，确保风险承担者薪酬与金融机构长期风险偏好相一致，又与其风险管理框架和公司治理结构相协调，薪酬结构的改革十分必要。特别是在其业绩呈现出颠覆性的差异的时候，风险承担应当无法拥有大量的奖金甚至应退回相应奖金。在保证薪酬委员会独立专业的前提下，监管当局有必要指引金融机构薪酬制定者设计出符合本机构稳健发展的薪酬体系。正是由于金融机构类型的差异，同一金融机构岗位及业务线的激励与风险防范的重点不同等，监管机构不可能量体裁衣地代替金融机构本身作出具体的薪酬安排。但需要坚持的原则包括：薪酬应与审慎风险行为有效挂钩；薪酬应随所有风险类型进行调整；薪酬结果应与风险结果匹配；薪酬支付时间应敏感反映风险暴露时间规律；现金、股票及其他形式薪酬结构应与风险配置情况相符。

第一节 事前风险调整：绩效薪酬的风险控制

一、薪酬结构及支付方式

（一）相关概念

1.薪酬。对于薪酬，管理学界和法学界尚无完全统一的概念。薪酬有广义、狭义之分，狭义的薪酬不包括福利，广义薪酬除了包括员工的货币收入、非货币收入之外，还包括一些长期或延期支付的报酬形式，如法定福利、企业分红、利润分享、股票期权等。[①] 随着支付报酬形式的多元化，薪酬更多是指企业支付给员工所有劳动所得。从薪酬外延的角度出发，也有学者作出相关界定。如美国学者小约科利在《公司治理》中将董事薪酬分为基于效率的风险性报酬和与绩效无关的有保障薪酬。具体薪酬形式则包括基本薪水、附加福利（一般包括医疗和人寿保险金、节假日和带薪假期、退休金以及其他福利）、额外津贴[②]、短期绩效红利、长期绩效红利、期权、股票赠与、股票购买计划、"金色降落伞"[③] 等。在法律层面，我国中央六部委[④] 联合出台的《关于进一步规范中央企业负责人薪酬管理指导意见》将企业负责人分为基本年薪、绩效薪酬、中长期激励收益。银监会在《商业银行稳健薪酬监管指引》中使用了广义的薪酬定义，即"为获得员工提供的服务和贡献而给予的报酬即相关支出，包括基本薪酬、绩效薪酬、中长期激励、福利收入等项目下的货币和非现金的各种权益性收支出"。此外，银监会将薪酬结构分为基本薪酬和浮动薪酬及福利性收入，其中浮动薪酬分为绩效薪酬和中长期激励，福利性收入包括保险费及住房公积金等。

很显然，本书采用广义薪酬含义，值得注意的是，本书并不严格区分高管薪酬与其他风险承担者薪酬的差别，如第三章所述，都属于"风险承担者"，除了一些特别制度适用范围只局限于高管薪酬，法律会作出更为详尽的说明。

2. 浮动薪酬（Variable Remuneration）。理解具体的薪酬设计，首先需要

---

① 李新建：《企业薪酬管理》，4页，天津，南开大学出版社，2003。
② 额外津贴往往是法律规则的空白处，也是最容易被高管滥用的一种支付方式，例如给予高管享有公司飞机或汽车的使用权、豪华临时住宿及相应服务等。
③ "金色降落伞"也是金融危机后被诟病的制度之一，指的是雇用合同中按照公司控制权变动条款，对失去工作的管理人员进行补偿的规定，后来发展为无论何种原因离职都可以获得的奖金。前文有提及相关的规制条款。
④ 人力资源和社会保障部会同中央组织部、监察部、财政部、审计署、国资委于2009年9月下发该文件，从适用范围、规范薪酬管理的基本原则以及薪酬结构和水平、薪酬支付、补充保险和职务消费、监督管理、组织实施等方面，进一步对中央企业负责人薪酬管理作出了规范。

了解薪酬结构，即薪酬的组成部分[①]，明晰相关一系列概念。从相关立法考察来看，"基本薪酬＋浮动薪酬＋福利性收入"这一薪酬结构得到共识，只是具体的内涵有所差别，但并不影响本书讨论的重点。福利性收入除了保险费用、住房公积金等外，其他收入往往有"隐性"特点，在高管中，特别是国有企业高管中会发生被滥用的现象。但随着对于国企改革的深入，这一问题正在得到缓解。[②] 本书的重点在于关注金融机构如何通过薪酬安排促进风险承担者利益与风险紧密挂钩，通常而言，福利性收入遵循相应的国家标准是固定且与业绩无关的，因而本书将福利性收入和基本薪酬放在一起视为固定薪酬看待，即将讨论的薪酬看作"固定薪酬＋浮动薪酬"这一模式。稳健薪酬安排的关键在于如何支付浮动薪酬才能缓释风险承担者的过度风险行为。

浮动薪酬，是相对于固定薪酬而言具有风险性的报酬，它的获得通常是非固定的和不可预知的，它与员工的工作表现正相关。浮动薪酬有时候会与绩效薪酬视作相同激励方式，[③] 但银监会将浮动薪酬分为绩效薪酬和中长期激励，笔者赞同这一提法，这与目前国内商业银行采取的薪酬结构也保持一致。绩效薪酬就是将员工的财务回报与其成功的工作绩效相联系，以工作绩效作为员工报酬的基础。中长期激励（Long-term Incentive Plan）是相对于通常的年绩效考评制而言，通常是指根据一个 2~5 年的业绩目标达成与否来发放奖金的激励

[①] 薪酬结构是对同一组织内部的不同职位或者是技能所得到的薪酬进行的各种安排，是依据公司的经营战略、经济能力、人力资源配置战略和市场薪酬水平等为公司内价值不同的岗位制定不同的薪酬水平和薪酬要素，并且提供确认员工个人贡献的办法。

[②] 国资委采取了一系列措施规范国有企业高管福利薪酬的法律文件，明确了发放福利薪酬的标准。

[③] 赵海霞在《国外可变薪酬激励效果及其影响因素研究述评》中提出，可变薪酬也称绩效薪酬，是指相对于固定薪酬来讲具有风险性的一次性经济报酬，它的获得通常是非固定的和不可预知的，可变薪酬的支付依据是绩效，包括个体绩效、群体绩效（团队、部门绩效）、组织绩效，因此也可以说可变薪酬是以绩效为条件的薪酬；郝景文在其《可变薪酬支付力度影响因素分析》一文中指出，可变薪酬即指薪酬中根据员工的工作绩效而可变的部分，也被称为绩效工资或奖金。

政策，目前国内上市银行中采取的方式有股票增值权计划、员工持股计划和限制性股票激励等[①]。除此之外，股票期权也被上市金融机构作为中长期激励的手段之一。绩效薪酬与中长期激励的差别在于绩效薪酬通常以年终奖的形式发放，多为现金形式，中长期激励则是有更长周期的绩效考察，这一周期与具体的业务相关，但监管规则通常会对最低年限有所规定。

（二）支付方式监管要求

支付方式是薪酬体系是否能达到最佳激励相容作用的重要环节。薪酬形式的组合需要多样性，这种不同形式的组合（现金、股票、其他金融工具）根据员工在公司的位置、所从事业务风险程度等因素确定，此外还需要考虑不同金融机构的性质和规模，公司有义务说明员工不同薪酬结构的评定标准。2011年、2012年两份FSB对成员国薪酬监管规则实施状况的回顾报告中均指出，中国尚未实施《稳健薪酬实践原则》的第七条和《稳健薪酬措施实施标准》第八条，而是"过度使用现金形式支付薪酬"[②]，未能很好运用多种现金、股票或是股权挂钩的金融工具的混合形式支付薪酬，薪酬的支付不能体现公司的长远利益和风险。关于薪酬形式的组合，值得注意的是，并非股票形式的比例越大，就越能说明其符合稳健薪酬原则，但通常而言风险承担者的薪酬现金形式比例要适当降低。对于个人而言其薪资结构，FSB、CEBS等国际监管机构并未对浮动薪酬与固定薪酬的比例作出强制要求，但对一定比例的浮动薪酬的支付方式作出了规定。

1. 延迟支付及潜在法律风险。合理稳健的薪酬体系要求综合衡量个人、部门和整个公司业绩和风险，而延迟支付薪金可以很好地将个人薪酬与公司长期风险挂钩。FSB规定了40%~60%的浮动薪酬需要通过延迟支付的方式实现，

---

① 王亮、谢鑫：《我国城市商业银行中长期激励机制的效率研究》，载《中外企业家》，2013（1）：38-41。

② FSB, *Thematic Review on Compensation*, 2011, p.47; FSB, *Implementing the FSB Principles for Sound Compensation Practices and their Implementation Standards*, June 2012, p.35.

且最低期限不能超过3年。[①] 延迟支付的具体比例应当同风险承担者的责任相对应,如高级管理人员承担的风险责任更大,其延迟比例可以更高（如达到60%的浮动薪酬）。国内银监会、证监会和保监会对延迟支付的比例和周期也有类似明确规定[②]（这一做法在危机前即有公司采用,但通常是整个公司的员工适用同样的条件,对个人行为给公司带来的风险影响不敏感）。图4.1简明地表达了延迟支付的含义及过程。

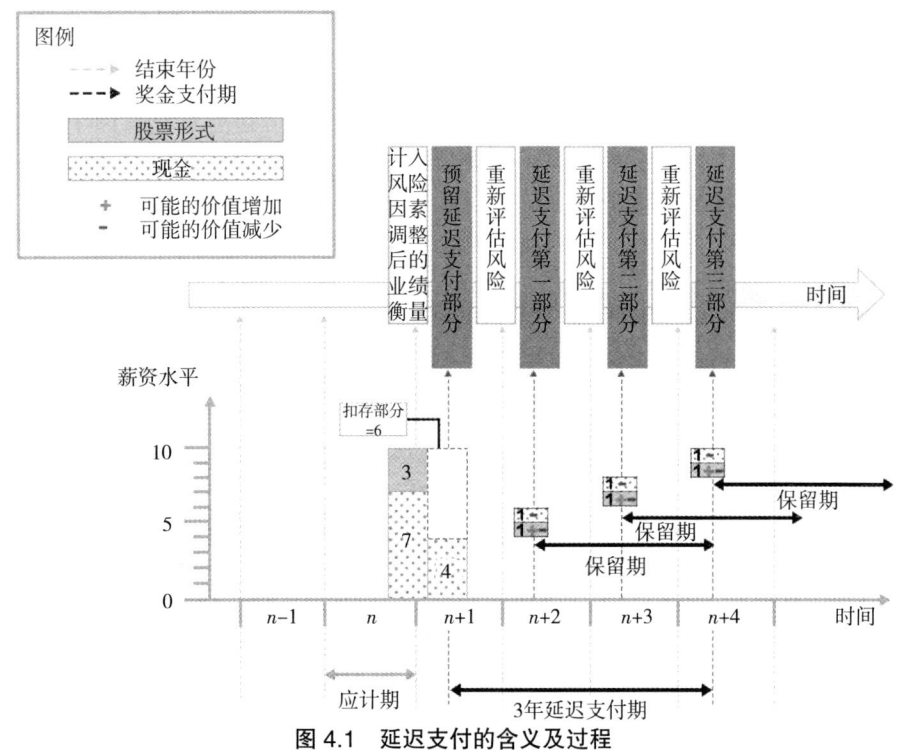

图4.1 延迟支付的含义及过程

---

① FSB, *Principles for Sound Compensation Practices Implementation Standards*, September 2009, p.4.
② 银监会规定绩效薪酬的40%以上应采取延期支付的方式,且延期支付期限一般不少于3年,其中主要高级管理人员绩效薪酬的延迟支付比例应高于50%,有条件的应争取达到60%;证监会要求证券公司高管绩效薪酬的40%以上延迟支付;保监会规定保险公司董事、监事、高管人员和关键岗位人员绩效薪酬应当实行延期支付,延期支付比例不低于40%。其中,董事长和总经理不低于50%。

金融机构实施延迟支付方式时，对于员工而言，是否会相信公司发展前景、信任公司内部治理结构、愿意与公司共同发展，都会影响到延迟支付这一方式的激励效果。其中，很重要的一点是金融机构承诺的有效性，对于延迟支付部分，当条件达成时，如何确保风险承担者顺利拿到这部分奖金，保证员工利益，是监管机构同样需要关注的问题。笔者认为以下两个途径可能会有益于解决这一问题。

一是设立独立于金融机构的第三方账户。从某种程度上说，延迟支付让风险承担者承担了金融机构的未来发展风险，但这并不意味着其合法权利可以受到损害。通常而言，延迟支付部分由人力资源部负责管控，财务部门负责对账务的管理。但为监管机构更好地监控其实施过程，排除可能受到的股东或是高管影响，在扣罚条件出现时，依据合同扣除其延迟部分奖金，但在应当支付延迟部分奖金时可以不受到金融机构本身的影响。

二是备案管理。薪酬延迟支付并非新兴薪酬支付手段，但监管规则应该规范其具体操作标准，要求金融机构备案关于延迟支付适用对象、门槛、延迟时间安排、止付的规定，还需要定期将这一信息披露给监管机构。

2. 中长期激励：缺乏法律实施细则，探索不够深入。与延迟支付容易混为一谈的是中长期激励，巴塞尔银行监管委员会要求在延迟支付的薪金中，50%以上应采取股票或与股票挂钩的金融工具形式（或者其他形式金融工具，只要可以与未来长期的业绩和风险挂钩即可）。对员工以股票形式或上述金融工具形式的奖励也要兼顾一定的股票保留政策，剩余部分可以采用现金形式的退休保留金。薪酬的设计发放周期还要具有风险的时间敏感度，才能让员工的最终薪酬和风险结果相一致。目前除了上述提及股票期权、限制性股票、股票增值权等主要的中长期激励外,或有资本证券也在逐渐被熟知。[①] 尽管国际监管组织曾指出国内金融机构在中长期激励方面仍需进一步优化:2011年、2012年两份FSB对成员国薪酬监管规则实施状况的回顾报告中[②] 均指出,中国尚未实施《稳健薪酬实践原则》的第七条和《稳健薪酬措施实施标准》第八条,而是"过度使用现金形式支付薪酬",未能很好运用多种现金、股票或是股权挂钩的金融工具的混合形式支付薪酬,薪酬的支付不能体现公司长远利益和风险。但细读银监会、保监会以及证监会关于金融机构中长期激励的文件,并未发现具体的实施细则,许多法律问题仍然只是过于原则性的规定,甚至有混淆概念之虞。证监会在修订的《证券公司治理准则》中规定,证券公司中长期激励计划持有者需要符合法律规定且依法经中国证监会批准或备案。银监会规定中长期激励的兑现时间最短为3年,但兑现时需经董事会同意,且要求激励计划符合"国家有关规定"。保监会则说明中长期激励包括股权性质的激励措施和现金激励等,应当报经中国保监会备案。依此,寻求具体法律规定只能依据《上市公司股权激励管理办法(试行)》《国有控股上市公司(境内)实施股权激励试行办法》以及《国有控股上市公司(境外)实施股权激励试行办法》。根据2015年32家沪市A股上市公司公开披露的年报等信息,不到一半的金融机构实施了针对高管的股权激励计划,总体而言股权激励的实施范围略窄,缺乏多样性形式。虽然存在多方面的原因,但与法律规则的不完备、实施程序繁复等也有直接关系。

(1)监管规则模糊、不明确。针对金融机构如何实施中长期激励,并未

---

① 或有资本证券的相关文章具体可参见:杨丹:《浅析或有资本证券在金融机构高管薪酬中的运用》,载《上海金融》,2015(10);John C.Coffee,彭倩倩:《债权人纾困还是政府救助:利用或有资本降低系统性风险》,载《清华法律评论》,2014(1)。

② FSB, *Thematic Review on Compensation*, 2011, P.47; FSB, *Implementing the FSB Principles for Sound Compensation Practices and their Implementation Standards*, June 2012, p.35.

有特别的规定，因此只能遵循上文所提及的上市公司的一般规定，但鉴于金融机构特殊的风险特质，一般规定并未完全考虑到这些因素。各金融机构应当出台统一明确的实施细则。在现有法律文件中，银监会监管规则混淆了延迟支付和中长期激励两个概念。从持有者法律权利角度而言，中长期激励运用的不同金融工具，如对于有保留期的股票以及与股权挂钩的金融工具形式支付的薪酬，是属于员工的既得利益，一旦发放，公司无权改变其数额；延迟支付则不同，所有权尚未归属于员工，接受后期的风险调整和薪酬惩罚条款，公司可在对员工后期的业绩和风险评估后决定是否或是支付多少保留的奖金[①]。而提前发放的部分所有权属于员工，一旦发放，尽管有约定的保留期，但保留期过后，公司无权改变或收回。银监会要求中长期激励兑现时需经董事会同意，这样的规定与中长期激励的法律特征属性相悖。

（2）监管重复。金融机构实施中长期激励将涉及不同的部门，不仅需要遵循统一的上市公司股权激励管理办法，要符合财政部、国资委、地方国资委要求，还需要遵循相应的监管机构如证监会、银监会的要求。为此，金融机构需要承受巨大的合规成本，极其不利于鼓励金融机构探索实施有效的中长期激励工具。

二、优化绩效评定标准：加入风险因素的模型

每个金融机构在不同经营管理阶段的侧重点不同、规模不同、可利用的技能和专业化管理手段也不同，但考核体系的设计原则应当是贯穿一致的。其中绩效考核指标的设计是最关键的工作。薪酬监管规则并不是意图，也无法提供给具体金融机构一个标准的绩效考核标准体系。但重要监管机构都在规则中提供了一些与风险挂钩的绩效考核方法与制度设计。其中，除了要求风险承担者

---

① CEBS，*Guidelines on Remuneration Policies and Practices*，December 10th，2010，p.65.

的行为符合法律法规、公司规章制度、企业文化外,最重要的评定方式即根据定量的绩效成绩发放奖金。

(一)理论基础与法律依据

传统的绩效指标——净利润、股东权益回报率(ROE)、资产回报率(ROA)、每股收益(EPS)、市盈率(P/E)等都不能体现与风险、价值的联系,无法真正度量金融机构价值。巴塞尔银行监管委员会(BCBS)在《薪酬制度与风险、业绩挂钩的方法》中,分析和讨论了机构采用风险和业绩对薪酬进行调整的方法,涉及绩效考核政策、事前风险调整、递延与事后调整、薪酬支付流程等内容。其中建议金融机构在进行薪酬制度设计时,要综合考量包括信用风险、流动性风险、市场风险和操作风险等在内的多种风险控制因素,参考风险管理、合规、人力资源、长期规划等部门的意见,建立以风险调整的资本收益率为核心的绩效考核体系。[①]2012 年,银监会发布《银行业金融机构绩效考评监管指引》,强调银行业金融机构[②]应当充分考虑资产期限及风险延期暴露等因素,降低中长期资产收益对经营效益类指标的贡献度,在经营效益类指标中,应当以风险调整后收益指标为核心。2012 年,中国银监会发布《商业银行资本管理办法(试行)》,融合了《巴塞尔协议Ⅰ》的理念、《巴塞尔协议Ⅱ》的方法以及《巴塞尔协议Ⅲ》的资本标准,是实施《巴塞尔新资本协议》[③]的重要里程碑。2014 年,中国工商银行、中国农业银行、中国银行、中国建设银行、交通银行和招商银行六家商业银行被核准实施资本管理高级方法,标志着以资

---

① Basel Committee on Banking Supervision, *Range of Methodologies for Risk and Performance Alignment of Remuneration*, 2010, pp.20-35.

② 包括在中华人民共和国境内依法设立的商业银行、农村信用社等吸收公众存款的金融机构,以及在中华人民共和国境内依法设立的金融资产管理公司、信托公司、财务公司、金融租赁公司、城市信用社以及经银监会批准设立的其他金融机构。

③ 《巴塞尔新资本协议》通常是指 2004 年巴塞尔委员会发布的《统一资本计量和资本标准的国际协议:修订框架》,我国商业银行自 2007 年开始《巴塞尔新资本协议》的实施准备工作。

本监管为核心理念在国内的推行有了实质进展。上述提及的巴塞尔银行监管委员会以及银监会的相应规则都体现并推动了风险调整后经济资本收益率和经济利润这两个资本绩效指标的计量和运用。由此可见，将风险因素考虑在绩效分析与考核中是金融机构不可回避的话题，监管规则也在不断完善，为更加科学稳健的绩效评估方法提供法律指引和保障。

（二）风险调整绩效指标重要模型——RAROC 的运用

风险资本调整收益（Return on Risk-adjusted Capital，RAROC）是风险绩效调整指标之一，是一种综合考虑了风险、收益、资本因素的管理工具[①]，其计算公式为：

RAROC= 风险调整后收益 / 经济资本[②] =（收入内部资金轧差 – 支出 – 预期损失）/ 经济资本

由公式可以看出，风险调整绩效不仅仅考虑到收益的本身，还将收益的风险因素充分考虑进来（减去预期损失），能够更加真实地反映金融机构的绩效水平，其在绩效评估上体现的优点具体包括以下方面。

1. 缓释风险承担者过度风险行为，建立稳健运营的企业文化。这是 RAROC 模型运用最直接的效果。举例说明，对于交易员而言，有两笔不同的业务，投入本金相同，如都为 100 万元，投资出售时，分别有 10 万元和 12 万元的收益，依此，前者回报率为 10%、后者回报率为 12%。仅从结果分析，后者收益绝对值以及回报率均高于前者。如以此作为发放绩效薪酬的依据，不可避免地所有交易员都将无视两者投资的风险因素，在未全面考虑其风险因素

---

① 20世纪70年代，银行家信托集团（Bankers Trust）首创了 RAROC 技术，使银行的收益与风险紧密联系在一起，从根本上改变了过去银行单纯追求利润的经营理念，激励银行业在审慎经营的前提下创造利润。经过长期的探索与完善，RAROC 作为衡量单位资本耗用下的盈利效率指标，已被广泛应用于风险管理、资本配置、绩效考核及贷款定价等各方面。本书主要从绩效考核运用角度讨论。

② 即风险调整资本。

前,并不能简单断定后者优于前者,很可能看上去回报率高者在持有期间承担的风险远远大于低回报率的业务投资。所以利用RAROC模型计算得出的绩效是通过将风险带来的未来预期损失计为银行当期成本来对商业银行当期收益进行调整后,体现了收益与风险相匹配的银行经营理念。在风险承担者追求高回报的同时,提醒其风险的存在,激励他们自觉追求风险可接受情况下盈利最大化的目标,缓释其过度风险行为。

2. 方法的统一性,利于部门之间的沟通和稳健薪酬计划的制订。本书第二章讨论薪酬制定程序时,强调了薪酬制定主体(薪酬委员会)要与风险控制部门、人力资源部门等强化有效沟通,对不同业务线的风险有深入系统的了解后制定稳健薪酬体系。而RAROC采用了比较一致的风险度量方法,银行各个层次、各个部门及所有员工均可使用同一种风险语言进行沟通和交流,风险控制和管理在所有公司内部治理环节得到贯穿一致。

目前,银监会的《银行业金融机构绩效考评监管指引》明确要求了银行业应在绩效考核时将风险因素作为标准之一,且需要同时符合《商业银行稳健薪酬监管指引》相关规定。但对于应当受到薪酬监管的金融机构,并没有相应的规范性文件出台,要求其采用何种的绩效考核指标。因此,笔者建议风险调整绩效指标应当推广至所有的薪酬监管规则所适用的金融机构,在全行业逐步建立起稳健经营行业文化。

FSB最新监管规则将非业绩因素纳入考核标准中。2018年FSB发布的《稳健薪酬实践原则和执行标准补充指南》(以下简称《补充指南》)强调了应当对不同层级员工设定非财务性的评估指标,纳入考核标准,行为目标的设定有助于员工更加深刻认识和管理自己的风险行为。当短期的业绩目标可能与金融机构长期稳健经营长远目标发生潜在冲突时,非业绩性的行为目标可以在一定程度上避免风险承担者作出有违机构稳健经营的长远目标行为。对于非业绩型的目标设定,同样应该包括定量和定性的指标。对于高层及中层管理人员表现的评估需要充分观察其是否尽到了对自己负责的业务进行全面风险管理的职责。

此外,《补充指南》强调了一些必须被规范的行为,包括"造成机构、客户或交易对手严重损失"或者"存在欺诈、重大风险管理过失、严重违反内部规则或监管规则"的行为。

第二节　事后风险调整——美国薪酬追回制度的解读与借鉴

从现有法律规定来看,薪酬追回制度(Claw-Back)是指高管出现薪酬获得条件不成立时,公司有权要求高管返还其薪酬所得。该制度最初的立法目的在于遏制公司高管通过财务违法行为来获得高额薪酬的动机、防止高管不当得利的情况发生,并鼓励高管为金融机构的长期利益服务。在实践中,该制度被广泛采纳,财富100的公司中实施该制度的数量由2006年的18%急速上升到2013年的89%[①]。上市公司是否采用高管薪酬追回制度已经成为衡量一个公司高管薪酬政策是否优良的重要标准。[②] 薪酬追回制度在金融危机后再次引发关注和讨论,被赋予将金融机构风险承担者的自身利益与公司紧密挂钩的事后风险调整的功能。追回制度在金融领域的运用如何在国内推行,还需要相应的法律规定配套而行。

---

① 数据来源:http://info.equilar.com/rs/equilar/images/equilar-2013-clawbacks-policy-report.pdf?mkt_tok=3RkMMJWWfF9wsRoisqjPZKXonjHpfsX54%2BgtwW6C%2FlMI%2F0ER3fOvrPUfGjI4FScpjI%2BSLDwEYGJlv6SgFS7fFMalt0LgFXBY%3D 数据。

② Canadian Coalition for Good Governance(CCGG), *2009 Executive Compensation Principles 8-9*.

一、薪酬追回制度发展及作用原理

（一）立法历程

美国世通财务诈骗[①]，"安然事件"[②]是《萨班斯—奥克斯利法案》出台的直接导火索，也是薪酬追回制度（Clawback Provision）第一次以法律形式出现："当存在与证券法等相关法规不符的行为或错误并导致会计报表重述时，公开发行证券公司的首席执行官（CEO）和首席财务官（CFO）应归还其在该公司首次发行证券或在美国证券交易委员会（SEC）备案（备案的财务资料中含有要求重述的财务报表[③]）后12个月内从公司收到的所有奖金、红利或其他奖金性、权益性酬金以及在该期间通过买卖公司证券而实现的收益。"[④]但在实践中，由于追回制度中实施条件苛刻[⑤]，效果与预期相差甚远。2007年美国次贷危机后，政府针对受到"联邦问题资产救济计划"（Federal Troubled

---

[①] 2005年3月15日美国世通公司前首席执行官伯纳德·埃伯斯（Bernard Ebbers）被裁定一手制造了美国历史上最大的一起企业财务欺诈案。曼哈顿联邦陪审团认定埃伯斯涉嫌证券欺诈、共谋、向调查人员撒谎等7项罪状全部成立。

[②] 安然公司曾经是世界上最大的能源、商品和服务公司之一，2002年在几周内破产，引出了持续多年精心策划乃至制度化系统化的财务造假丑闻。安然公司的管理层，包括董事会、监事会和公司高级管理人员，他们面临的指控包括疏于职守、虚报账目、误导投资人以及谋取私利等。安然的崩溃并不仅仅是因为假账，也不全是高层的腐败，更深层次的原因是急功近利、贪婪冒险的赌场文化使安然在走向成功的同时也挖掘了失败之墓。

[③] 财务报告重述是指企业在发现并纠正前期财务报告的差错时，重新表述以前公布的财务报告。美国GAO发布的报告上称为"Financial Statement Restatements"，在其他文献中的表述有"Restating financial Statement"。

[④] SEC304, Sarbanes-Oxley Act of 2002, 翻译摘自刘京海、陈新辉：《美国企业高管薪酬追回度及对我国的启示》，载《财务与会计》，2009(8)：71。

[⑤] 鉴于SEC是唯一可以提起薪酬追回之诉的主体，极大地降低了该制度的使用频率。在《2008紧急经济稳定法》颁布前，SEC只提起了两次诉讼，详细参见：188 Former United Health Group CEO/Chairman Settles Stock Options Backdating Case for $468 Million, Litigation Release No. 20387（Dec. 6, 2007）和 SEC v. Sycamore Networks, Inc., No. 08 CA 11166 DPW（D. Mass. July 9, 2008）。

Asset Relief Program，TARP）资助的金融机构①颁布了一系列规定，其中《2008紧急经济稳定法》进一步完善了薪酬追回制度，具体规定为"如果公司支付给公司高管和另外 20 位薪酬最高的公司员工的奖金、保留奖金或者激励性薪酬所依据的公司收入、利润、收益或者其他标准在事后发现是实质性错误的，公司必须追回该薪酬"。相比于之前的薪酬追回制度，《2008 紧急经济稳定法》中的适用条件更为宽松，特别是将追回的权利交予公司，并且并不要求证明被追回薪酬的对象有过错行为，只以其取得薪酬标准的发生错误为触发条件。可见，该部法律中的薪酬追回制度增强了其可行性，有利于立法目标的达成。为解决危机中暴露出来的金融监管问题，避免系统重要性金融机构"大而不倒"②引发的道德风险继续危害金融系统安全，2010 年《多德—弗兰克法案》应运而生。其中，薪酬追回条款的适用对象不仅包括现任高管还及于前任高管，避免卸任高管的过度风险行为或违规违法行为带来的风险暴露时无法追溯其责任。法律规定未来所有的上市公司必须采用该制度，否则不能在证券市场上市，2015 年 1 月，SEC 基于《多德—弗兰克法案》正式公布提案③，将其作为公司上市的必要条件。SEC 对适用范围、触发条件、追溯时间等有所补充和调整，但总体是基于《多德—弗兰克法案》的规定提出的。以上即关于美国对薪酬追回制度的立法概况的回顾，如表 4.1 所示。

---

① 若该金融机构已返还政府全部资助则不需要遵循薪酬追回规则规定。
② "大而不倒"的相关研究可以参见 James Barth 教授做的一项研究，从历史的角度回顾了"大而不倒"问题的发展，又从全球的视角分析了 2008 年国际金融危机之后，在全球层面和各国层面，针对全球系统重要性银行的"大而不倒"问题的应对措施。R. Barth，*Apanard（Penny）Prabha*，*Phillip Swagel*，*Just How Big Is the Too Big to Fail Problem?*，2012，Milken Institute Working Paper。
③ 截至本书写作结束时，尚未有关于该提案是否通过的信息。

表 4.1　　　　　　　　薪酬追回制度法律规定[①]

内容/法规名称	《萨班斯—奥克斯利法案》第 304 节	《经济稳定法》第 111 节	《多德—弗兰克法案》第 954 节	《SEC 关于薪酬追回提案》
触发事件	存在与证券法等相关法规不符的行为或错误并导致会计报表重编时	公司收入、利润、收益或者其他标准在事后发现是实质性错误时	公司的财务报告因实质地违反了《证券法》的有关规定而需要重述时	公司的财务报告因实质地违反了《证券法》的有关规定而需要重述时（并不要求高管有错误行为）
被追回高管范围	CEO 和 CFO	公司高管和另外 20 位薪酬最高的公司员工	前任或者是现任高管	前任或现任高管，包括 CEO、CFO、Chife Account、主要业务部门负责人及公司内其他任何有决策权的人员[②]
行使追回权主体	SEC	公司	公司	公司
被追回薪酬范围	奖金、红利或其他奖金性、权益性酬金以及在该期间通过买卖公司证券而实现的收益	奖金、保留补贴或者激励性薪酬，不包括出售证券所得	"超额"的激励性薪酬	所有依据财务报告指标所得的激励性薪酬（包括基于股票价格和股东总回报 TSR 所得的薪酬）
追回时间	首次发行证券或在 SEC 备案后 12 个月内	没有规定	财务报告被要求重编之前三年内	财务报告被要求重编之前三年内

（二）制度原理

1.立法初衷。高管薪酬的激励薪酬部分的多少与财务报告及股价等密切

[①] 本表格主要依据 Bachelder Ⅲ 所制作表格，本书增加了追回的权利主体及 SEC 最新的提案内容。参见 Joseph E. Bachelder Ⅲ, *Clawbacks Under Dodd-Frank and Other Federal Statutes.* David R. Brown & Julia Lifshits, *Publications: Keeping Up With Clawback Provisions – An Analysis of Recent Developments*。

[②] SEC 将《多德—弗兰克法案》中高管的范围作了具体的界定。

相关。通常而言，这样的激励机制是为了将高管利益与公司长久业绩相关联，激励高管更加努力，且在作出重要决策时[①]，不仅仅考虑到自身的利益，而是以公司长久利益为重，形成激励相容机制。但不得不正视的一个问题是：公司高管可能会为了私利，采取短视行为，如减少长期研发费用，提高当期利润，甚至违反证券法规和会计法的要求，通过虚假记载、误导性陈述以及重大遗漏等财务违法行为操纵财务会计报告，提高经营业绩或维持公司股价。因此，Clawback Provision 即为了防止这种行为的发生，在激励高管的同时，保护股东利益。但必须强调的是，相应的法律规定并非直接干预公司自治范围，薪酬追回制度的主要目的在于代理关系的滥用最小化。

2. 在金融机构的运用。薪酬追回制度在金融领域的运用有其特殊的意义和功能。相比于其他行业，金融机构高管更容易出现短视化的行为，这种短视化行为更多地表现在其为追求当期利润不惜作出高风险的决策。当风险暴露时，高管往往可以全身而退，而因金融机构可能引发系统性风险时，政府不得不伸出援手，以巨资相助。可见，金融机构推行薪酬追回制度，对弥补系统性风险有积极的作用，虽然奖金的追回不能完全弥补机构倒闭带来的所有损失。但无疑对缓释高管的过分风险行为动机有抑制作用，更重要的是，当机构风险发生时，通过奖金追回在某种程度上弥补损失，防止风险的进一步扩散。值得注意的是，考虑到金融机构的特殊风险性质并不完全等同于上市公司，实行薪酬追回制度时可以通过监管机构的具体规则作出适当的调整，以期更符合薪酬监管目的。

二、薪酬追回触发条件

所谓触发条件（Recovery Trigger），即何种情况下，追回主体（SEC 或公司）

[①] 这里尤其是指一些自身利益与公司利益存在潜在冲突时的决策，如建造奢华大厦、反对增加价值的并购等。

可以行使追回权。

(一)是否以高管"过错"为触发必要条件

通过表4.1可以看出,美国几次相关立法中,关于触发条件最重要的变化之一是把高管是否有过错作为必要条件[①],这也是学界争论的一个焦点,尤其SEC在《多德—弗兰克法案》基础上的提案明确说明不要求高管有过错才可追回其薪酬。有学者指出,之所以与高管的过错无关,是因为薪酬追回的法理学基础在于公司要求返还不当得利,在不当得利中,受益人返回义务的产生与其主观状态并没有关系,该制度所要调节的是一种在结果上利益不正义分配的现象。这正是不当得利的返还义务与侵权责任和合同责任不同的地方。[②] 笔者赞同薪酬追回制度中不以高管的过错作为启动薪酬追回程序的必要条件,除了上述理由,实践中对"过错"本身的界定也会存在十分大的争议。当公司享有对高官的"薪酬追回"权时,鉴于法律无法事无巨细地规定所有高管的"过错"情况,那么是否需要司法部门认定高管有过错后,公司才享有追回权。如此,就会回到《萨班斯—奥克斯利法案》颁布后薪酬追回制度实施的困境了,即适用成本过高、程序繁复,对预防高管不当得利的情况并无很好的预防效果。

如将薪酬追回制度作为平抑高管及其他风险承担者[③]过度风险行为,在发生损失后弥补亏损,防止风险进一步扩散的手段,更不宜将过错作为触发条件。特别在金融机构自身遇到危机时,及时追回高管或其他风险承担者的不应得薪酬可以弥补一定的损失,重拾公众对金融机构的信心,对防止风险进一步扩散有重要影响。而此时时间和效率对制度实施的效果至关重要,因此只要认定高管所得的

---

① 鉴于本书讨论金融机构薪酬监管问题,相关制度的分析主要以《多德—弗兰克法案》和SEC提案内容为主,与主体更为接近。

② 黄立:《民法债篇总论》,188页,北京,中国政法大学出版社,2002。

③ 文章下文会对适用范围作进一步讨论,也是本书的观点之一,即在引入借鉴该制度时应当扩大其适用范围。

依据有错误，即可行使追回权，更有利于薪酬监管目标的达成。不仅如此，对于金融机构实施薪酬追回不仅仅是局限于"错误"的决策，还是让风险承担者其当初过度风险行为来的结果。这样的过度风险行为往往并不是"过错"行为，因此，"过错"在金融机构薪酬监管领域中适用薪酬追回制度时，不应当作为触发启动薪酬追回机制的必要条件。

（二）对"实质违反《证券法》而导致财务报告重述"的理解

根据《多德—弗兰克法案》和SEC提案，对于何为"实质性"违反证券法，Patrick T. Smith（2013）认为所谓实质性违反即违反了证券法具体条款，或是其他法律形式的相关具体条款[①]。不过对此，至今尚无任何相关法律解释。不仅是要求违反证券法，还要求导致的结果是"财务报告重述"。为此有学者提出反对意见，[②]诸如可能会使得某些公司尽量减少可以明确显示在财务报告上的指标作为支付激励性薪酬的条件，转而以更为不客观和不透明的指标等。[③]

本书的观点在于这一触发条件并不能很好地利于达到薪酬追回在金融机构薪酬监管领域运用的立法目标。从2007年美国次贷危机历程看，新世纪金融破产引发了次贷危机，雷曼破产引发了金融危机，甚至还没有时间去纠正财务报表的错误[④]，就已如同多米诺骨牌第一张的倒下，引发了不可逆转的危机。对于金融机构，追求短期高额利润的方式不仅仅是通过实质性的违反证券法，在监管法律总是落后于金融创新的环境下，这种短视行为往往是监管真空，或

---

① Smith P T, *The Dodd-Frank Clawback Provision's Role in Creating a More Secure Corporate Governance Structure*，2013.

② 关于反对意见的总结可参见樊健：《上市公司高管薪酬追回制度之研究——美国经验与中国借鉴》，载《商事法论集》，2012（2）。

③ Bainbridge S M. *The Corporate Governance Provisions of Dodd-Frank*.UCLA School of Law，Law-Econ Research Paper，2010.

④ 在美国破产法庭公布雷曼的破产报告中，揭露了雷曼"死亡"前高达数百亿美元的会计作假行为，或遭起诉。破产法庭任命的特别审查官沃卢克斯称，雷曼公司高级管理人员确有明显过错。

是无法用法律界定的行为。① 但这种短视行为又确实损害到金融机构的长期利益，甚至危害到整个金融系统的安危，最终由纳税人为其行为埋单。薪酬追回制度应该在此体现出预防平抑过度风险动机，在损失发生后及时有效作出弥补的功能。因此，若仅以此作为薪酬追回的条件，对金融机构而言，并不能最有效地将高管的利益与金融机构稳健发展长期利益捆绑在一起。

三、行使薪酬追回权主体

《萨班斯—奥克斯利法案》并没有明文规定谁有权行使追回权，但通过联邦法院的判例可以看出，SEC 被认为是行使薪酬追回权的主体。② SEC 作为唯一的行权主体，直接导致了该制度"利用率"极低，使得法律规定形同虚设。为了更好地实现薪酬追回制度的功能，之后的相关条款将薪酬追回权的主体交予公司。《多德—弗兰克法案》明确了公司（the Issuer）将行使薪酬追回权，但并未明确是否存在公司有权不追回的情况，即满足《多德—弗兰克法案》的触发条件时，公司是否有权决定不予追回。于是很多学者提出在 SEC 将薪酬追回制度列入上市条件之一时，需要明确这一点，且要明确其自由裁量权的范围。③ 之所以提出即使在触发条件发生时，公司董事会依然应当有权力决定不予追回薪酬时，是考虑到一种情况：潜在的追回薪酬所耗费的成本远大于薪酬追回的本身，反而会损害股东的利益。SEC 采纳了这一观点，规定只有两种情况下可以在公司高管实质性地违反证券法而导致重述时公司可以作出决定不追

---

① 与财务报告有关的通常也是关于公允价值顺周期的讨论。

② Spencer C. Barasch & Sara J. Chesnut, *Controversal Uses of The "Clawback" Remdy In The Current Financial Crisis*, p. 923.

③ Davis Polk & Wardwell LLP, *Center on Executive Compensation*, *Meridian Compensation Partners, LLC, American Benefits Council, Baker, Donelson, Bearman, Caldwell & Berkowitz, PC, Compensia, Inc., Clark Consulting, LLC, Society of Corporate Secretaries and Governance Professionals, Frederic W. Cook & Co., Inc., Stuart R. Lombardi and Protective Life Corporation.*

回高管薪酬的决定，行使其裁量权：一是追回成本高于追回薪酬时；二是和母国法律冲突时。对于预计和评估追回成本需要考察的因素，SEC 也同样给出了建议，诸如追回薪酬金额是否特别微小、是否会引发诉讼等。不仅如此，SEC 要求当公司董事会通过其裁量权决定不追究高管薪酬时，公司必须说明其理由，披露相关制定信息，以防止董事会滥用此权力。

四、薪酬追回内容：对激励性薪酬的理解

薪酬追回制度中一个重要的问题即被追回的薪酬具体包括哪些类型和被追回薪酬的数量问题。

《萨班斯—奥克斯利法案》第 304 节规定的是"全部激励性薪酬以及转让证券所得"，对高管来说，这显然是比较严苛的，具有一定的惩罚性（Punitive）。[①]因为对公司而言，其损失的仅仅是因为财务报告重编而多支付给高管的超额薪酬，并非全部的激励性薪酬。例如，公司和某高管约定，如果公司的年收入增长达到 10%，则公司授予高管 10 万份股票期权；并且，在此基础上，每多增长 1%，公司多奖励给高管 1 万份股票期权。现因公司高管在公司年收入上虚假记载，将实际 11% 的增长率虚增到 14%，致使公司年收入虚增 3%。对于公司而言，其损失仅为多授予高管的 3 万份股票期权。如果公司将高管所有的 14 万份股票期权全部追回，反而公司获得了不当利益，显然过犹不及。因为在不当得利中，利益返还原则是"损害大于利益，以利益为准；利益大于损害，以损害为准。"[②]另外，《萨班斯—奥克斯利法案》第 304 节规定对于高管转让公司证券所获得的收益，公司也应一并追回，笔者也认为不妥当。因为高管转让公司证券的交易对象是其他投资人，而非公司，公司在此交易过程中并没

---

① Jesse Fried & Nitzan Shilon, Excess-Pay Clawbacks, *Journal of Corporation Law*, Vol.36, 2011.
② 邱聪智：《新订民法债篇通则（上）》，81 页，北京，中国人民大学出版社，2004。

有受到任何经济上的损失。公司追回高管此部分收益，并不合适。① 相比之下，《多德—弗兰克法案》第954节规定公司可以追回的仅是"超额薪酬"，就显得更为合理了。超额薪酬是指高管实际获得的薪酬与如果财务报告正确则高管应当获得的薪酬之间的差额。但是，在差额计算上也有一定的难度。如果支付激励性薪酬的条件是量化的指标，其差额比较容易计算；但如果支付激励性薪酬的指标是无法量化的，如何计算差额则有待明确。②

五、薪酬追回制度在国内金融领域的运用及完善

目前关于薪酬追回制度在国内应用研究并没有丰富的参考文献③，重要原因：一是这一制度和概念在2008年国际金融危机之后才慢慢被国内所接受，二是国内有学者认为目前缺乏实施薪酬追回制度的法律基础④，尽管有学者对此进行了反驳和论述。不得不承认，在国内无论是法律规定，还是实践应用，薪酬追回制度都存在许多不成熟的地方。本书只讨论薪酬追回在金融机构薪酬监管领域的运用和完善问题，认为目前国内已具备薪酬追回制度实施的法律基

---

① 反对意见认为，本条类似于《证券交易法》16节（b）项对于短线交易（Short-Swing）的规定：只要公司高管在六个月内买卖公司股票，公司有权追回其收益，并不需要高管有过错。其主要目的是防止内部人不当使用公司的内部信息（我国《证券法》第四十七条也作了类似的规定）。另外，追回的该项收益可以弥补公司在重编报告时所支出的费用。参见 Rachael E. Schwartz, *The Clawback Provision of Sarbanes-Oxley: An Underutilized Incentive to Keep the Corporate House Clean*, Business Lawyer, Vol.64, 2008.

② Jeffrey S. Klein & Nicholas J.Pappas, *New Clawback Requirements For Listed Public Companies*, New York Law Journal, October 4, 2010, available at http://www.weil.com/news/pubdetail.aspx?pub=9938，最后访问时间：2014年12月24日。

③ 知网搜索"薪酬追回"等关键词，只有三四篇相关文献。

④ 蒋建湘在《国企高管薪酬法律规制研究》中认为国内尚未建立起薪酬追回制度。而2010年1月1日起修订施行的《中央企业负责人经营业绩考核暂行办法》（2003年制定）第二十八条认为其是一种惩罚而非追回制度。第二十八条规定：对于任期经营业绩考核结果为D级和E级的企业负责人，根据考核分数扣减延期绩效薪金，具体扣减绩效薪金的公式为：扣减延期绩效薪金＝任期内积累的延期绩效薪金×（C级起点分数－实得分数）C级起点分数。

础,但仍应当将各监管机构出台的相关条款统一。

(一)现在法律基础

关于薪酬追回的法律规定,最直接明确肯定这一制度的运用是银监会在《商业银行稳健薪酬监管指引》第十六条规定了商业银行应设计扣回规定,如在规定期限内高管和相关人员职责内的风险损失超常暴露,商业银行有权追回相应期限内发放的全部薪酬。除此之外,证监会发布的《上市公司股权激励管理办法(试行)》第四十六条规定:上市公司的财务会计文件有虚假记载的,负有责任的激励对象自该财务会计文件公告之日起12个月内由股权激励计划所获得的全部利益应当返还给公司。此条规定相当于上市公司股权激励的法律依据。

除了上述规范性文件,在法律层面,《中华人民共和国民法通则》(以下简称《民法通则》)中关于不当得利应当返还的规定以及《公司法》中有关监事、董事及高管义务和利用职权侵犯公司利益的收入需要返还的规定被视为国内高管薪酬追回制度建立的法律基础。[1] 笔者基本赞同这一观点,但并不能完全视为国内金融领域薪酬追回制度的法律位阶的依据。

尽管高管薪酬追回制度的立法理论基础被认为是私法中的不当得利理论(Unjust Enrichment)。[2] 但我国《民法通则》第九十二条规定,"没有合法根据,取得不当利益,造成他人损失的,应当将取得的不当利益返还受损失的人。"对此的解读中,通常被认为这一条中不当得利的构成要件包括获得

---

[1] 樊健:《上市公司高管薪酬追回制度之研究——美国经验与中国借鉴》,载《商事法论集》,2012(2);以及罗宏、张虹、曾永良:《论我国高管薪酬追回制度的建立》,载《会计之友旬刊》,2015(15)。

[2] Miriam A. Cherry & Jarrod Wong, *Clawbacks: Prospective Contract Measures in an Era of Excessive Executive Compensation and Ponzi Schemes*, 94 Minn. L. Rev. 368, 412 (2009); Emily Sherwin, *Restitution and Equity: An Analysis of the Principle of Unjust Enrichment*, 79 Tex. L. Rev. 2083 (2001).

利益、他人损失、获得利益与他人损失之间存在因果关系以及没有合法根据等四个要件。①当公司的财务报告因实质违反了《证券法》的有关规定而需要重述时，以此依据的高管薪酬发放如果被认为是不当得利的话，前三个条件毫无争议，但对于是否是一定没有"合法依据"，笔者认为还可以进行更多深入的讨论②。

在金融领域，当高管或其他风险承担者作出高风险倾向的决策并依此创造当期高收益拿到巨额奖金时，很难认为是没有"合法依据"。《民法通则》第九十二条规定的"没有合法根据"，通常被视为是《德国民法典》第812条规定的"无法律上的原因"③，而不当得利也被分为给付不当得利与非给付不当得利对待④。支付薪酬和奖金当然是给付类型，罗马法教授贝克尔认为给付就是直接减损自己财产利益的法律行为，作出此等法律行为的人必有其目的，这一目的的存在证明了减损其利益的正当性。在目的没有达到时，直接减损自己财产利益的当事人就应当获得救济。据此，支付奖金后，风险超常暴露，是否属于给付目的没有达到？奖金的支付以当时的业绩为其发放条件，可以认为支付的目的即奖励被支付者达到的业绩标准，但这一标准是否意味着被支付者有义务保障这一业绩标准在日后也是无瑕疵的？风险的暴露与当初风险承担者

---

① 不当得利要件说为多数学者所认可，如史尚宽、梁慧星等。

② 实际上，民法学界并没有真正就何谓"没有合法根据"达成一致，一个例证是民法学界的权威学者对与"没有合法根据"息息相关的给付与非给付的区分就存在异议。梁慧星教授认为应区分给付及非给付的情形界定不当得利概念，王利明教授则认为应该不区分给付与非给付的情形予以统一界定。两位教授的观点分别参见梁慧星主编：《中国民法典草案建议稿附理由：债权总则编》，14页，北京，法律出版社，2006，以及王利明主编：《中国民法典学者建议稿及立法理由：债法总则编·合同编》，40页，北京，法律出版社，2005。

③ 陈卫佐译：《德国民法典》，301页，北京，法律出版社，2010。

④ 给付不当得利与非给付不当得利的区分肇始围绕"给付"概念的一系列理论建构，非"给付"的不当得利均归为非给付不当得利的类型，给付不当得利与非给付不当得利并无一一对应的关系，非给付不当得利的诸种类型也是一种经验的而非逻辑的总结。因此，对于诸种不当得利而言，所谓的"没有合法根据"是当然不同的。

是否履行职责，特别是风险控制相关职责有关，但同时也存在许多非人为可控因素，特别是在风险传染性十分明显的金融系统内。笔者认为不当得利可以部分支撑薪酬追回制度在金融系统内的运用，即当公司的财务报告因实质地违反了《证券法》的有关规定而需要重述时，发放的过量薪酬可被追回。但银监会要求商业银行制定的薪酬扣回制度与此不同，笔者认为不当得利理论和法律层面规定不能完全支撑这一制度。尽管如此，出于维护金融稳定之目的，在风险超常暴露情况下要求追回相应绩效薪酬也并未有与上层法律相冲突的地方。传统的薪酬激励机制很难保证收益与风险的匹配，由于某些业务的风险要滞后一段时间才体现出来，根据应计利润发放不能被追回的现金薪酬，一方面可能为银行实际上没有获得的利益而奖励管理层，另一方面不能被追回意味着管理层可以分享银行在经济上行期的利润，却不用承担在经济下行期的风险和亏损，薪酬追回制度的安排十分必要。

（二）扩大适用对象范围

国内银监会在借鉴薪酬追回制度时强调了不局限于高管及相关人员，出于风险管理角度，笔者认为薪酬追回制度的适用应当及于其他风险承担者。正是金融领域的薪酬追回制度还承担了另外的一个功能即预防过度风险行为引发的系统性风险，在损失出现时及时作出一定弥补，为防止系统性风险的出现作贡献。因而，除了高管以外的风险承担者，同样应当和金融机构签订有追回条款的合约。具体关于风险承担者的范围和界定已在本书第三章中详细论述过，这也是与美国薪酬追回制度较为本质的一个不同，正是由于制度应用的目的不同，适用对象应当扩展到所有风险承担者。

（三）补充完善薪酬追回"触发条件"

上文讨论了对于美国薪酬追回法律条款中触发条件的理解，在此基础上，笔者认为金融领域的薪酬追回制度应当作出补充和完善，以更适合国内需求。

依据银监会的规定，高管及其他相关人员"职责内的风险损失超常暴露"

是薪酬追回的触发条件。这里面有两个概念需要明确，一是"职责"内，二是"超常"暴露。"职责内的风险"从条文本身理解应是由于高管及其他相关人员未尽到职责而产生的风险。对于是否"尽到职责"，金融机构通常会有明确的职责规定和行为规范，对于违规者也会有相应的惩罚制度，也可能会影响到绩效奖金的发放。因此，如果一定是违反了相关规定，进行了处罚，如降职等，但仍然发放了相关绩效奖金时（或是已经扣除了相关部分），是否会被认为是对违规者的不公平？金融机构某些风险的暴露需要一个长期的过程，对风险承担者行为的评价和判断往往也需要同样的时间。在明确的特定时间内，只要依此发放的绩效奖金，参与到其中的风险承担者都应被追回相应的绩效薪酬。

同样重要的是，"对于公司的财务报告因实质地违反了《证券法》有关规定而需要重述时"这一条件是否应当借鉴及如何借鉴过来。鉴于在前章中所提出的对因单个金融机构倒闭会引发系统性风险的机构实施薪酬监管，在国内，前章所述的金融机构以上市公司为主导。因此，在此要求上市金融机构高管及风险承担者满足上述条件时，金融机构有权追回其薪酬也是十分可行的。

总而言之，国内尚无对薪酬追回制度的统一立法，笔者认为目前在金融领域推行这一制度的环境已成熟，且银监会已在相应的规范性文件中要求商业银行实施。目前需要做努力的是对金融机构实行统一的制度安排要求，作为薪酬监管方式之一，在规范性文件层面上保持一致。除此之外，对于追索时间，薪酬追回内容等都应当作出更为详细的规定供金融机构制定出合规的合同模板。

第五章
薪酬信息披露

  信息披露是证券监管制度的基石之一，其理论基础在于：在一个有效市场中[①]，证券发行者充分、及时、准确地披露有关重大信息，市场经过处理后会反映在证券价格上。[②] 在信息不对称的情况下，[③] 股票的价格无法反映公司真实经营状况，很容易发生"逆向选择"，引发道德风险，极大地降低证券市场效率，损害投资者利益。因而强制的信息披露被认为对保护投资者利益大有裨益，被各国普遍采用。高管部分的薪酬信息通常也是信息披露中的重要组成部分，在后危机时代，此项制度在薪酬监管领域愈发凸显其重要性，对于评估该金融机构是否采取了稳健薪酬措施十分关键。但同时，鉴于薪酬信息作为公司的核心竞争力之一，特别在人才争夺激烈的金融领域，过多详尽的薪酬信息也有起到刺激金融机构提供更高薪酬之虞。信息披露的内容、周期、责任承担等

[①] 在一个充满信息交流和信息竞争的社会里，一个特定的信息能够在金融投资市场上迅速被投资者知晓，随后，金融产品投资市场的竞争将会驱使产品价格充分且及时地反映该组信息，从而使得投资者根据该信息所进行的交易不存在非正常报酬，而只能赚取风险调整后的平均市场报酬率。

[②] 廖凡：《钢丝上的平衡：美国证券信息披露体系的演变》，载《法学》，2003（3）。

[③] 比如说上市公司的筹资者与投资人之间的信息肯定是不对称的，与投资者相比，筹资人掌握了大量的公司内幕信息，而投资人则不了解这些信息，在进行投资决策时只能依靠对该证券历史价格及其他相关财务信息的分析来作出投资决策。另外，投资者个体之间的信息也是不对称的，由于投资者所处的地理位置、所接触的传播渠道等的不同，投资者所接收的信息是不同的，而且由于投资者个人所掌握的专业知识的不同，即便是相同的信息在不同的投资者那里也会有迥异的理解。

具体规则设计将关系到其是否能达到薪酬监管的目的。国内的金融机构高管及其他风险承担者薪酬信息披露法律规定在危机后也陆续出台，但仍然存在着诸如规则之间不统一、缺乏更详细的披露信息要求、违规行为处罚机制不足等问题。巴塞尔银行监管委员会发布的支柱三为我们提供了很好的范本，而美国不断改革的信息披露制度也可以给完善充实国内的法律带来新的启示。

第一节　薪酬信息披露争议焦点

通过对现有文献的梳理，发现学界对于薪酬信息披露争议的焦点集中在，事无巨细的薪酬信息披露能否起到调节高管薪酬作用。本节将在分析薪酬信息披露在金融机构薪酬监管领域运用的利弊后给出一些观点。

一、薪酬信息披露益处

总体而言，信息披露制度被认为可以降低股东获取公司相关信息的成本，提高小股东参与公司治理的积极性，同时施加于薪酬制定者公众压力，在"声誉惩罚"[①]机制的约束力下制定金融机构的稳健薪酬政策。

（一）降低股东获取信息成本，有效推动股东话语权实施

对于高管薪酬和薪酬的高低相比，股东更加关注的是薪酬的具体设计、薪酬结构是否合理、符合稳健激励措施原则。但股东，特别是没有相关知识的股东无法判断高管及其他风险承担者的薪酬是否合理，这会影响股东对于薪酬制定者是否认真履行职责失去科学判断。通过现有的国际监管规则不难发现，其

---

① "声誉惩罚"通常能够对相对狭小圈子里的成员起到比较明显的约束作用。因为这个圈子里的成员通常具有类似的价值判断，能够有效地区分某个成员是否违反了圈子里公认的价值观并对之实施惩罚。公司董事，尤其是薪酬委员会中的独立董事，正好符合这样的特征，他们被誉为是"世界上对于声誉最为敏感"的一个群体。因为他们往往都是高校教授、企业高管以及专业人士，都属于社会精英阶层，有着相同的社交关系圈，也具有相同的价值判断。

要求的披露信息体现的是整个薪酬设计中最能反映薪酬与风险挂钩的信息，通过这些信息，股东可以更客观地以较低的成本来判断薪酬的实际状况。否则仅通过绝对数值，很难得出理性的结论。基于此，股东话语权的设置将不再形同虚设，股东话语更具有力量。不仅如此，在信息传播迅猛的当下，多渠道的表达方式为了解具体薪酬信息的股东提供了平台，如果薪酬政策引起了中小股东强烈的反对，不仅会使得公司董事会、薪酬委员会、独立董事以及高管承受巨大的社会舆论压力；而且，很有可能会引起有关监管机构的关注，并且，有可能会导致这些监管机构对高管的股票期权薪酬提出反对意见。面对此种可能性，公司的董事会和薪酬委员会在制定高管股票期权薪酬时就不得不谨慎而为。因而，通过这种方式，中小股东可以间接地对公司董事会和薪酬委员会的决策产生影响。

（二）便于公众监督，维护民众对金融业的信心

金融机构高管薪酬在危机之后就备受关注，公众难以接受的不是他们的高薪，而是华尔街只有赢没有输——"收益私人化，风险社会化"的薪酬体系设计。金融是现代经济的核心，直接关系经济社会发展全局，利用高薪吸引最优秀的人才掌舵这个行业反而会降低整个金融系统的风险。在市场化的竞争中，企图抑制薪酬水平是与市场发展严重相悖的事情，甚至可能会衍生出许多风险，进而为整个经济带来严重后果。公众期待的是公平和稳健的薪酬措施，透明公开的信息会促使人们理性对待高薪，重新拾起对金融业的信心。这将有利于整个金融业的良性发展。

（三）引导金融业稳健经营文化

一些中小型金融机构并没有专业的薪酬设计团队或是薪酬委员会，监管机构要求的具体信息披露为这些金融机构提供了学习的蓝本。危机过后，风险文化已成为董事会和高级管理层关注的重要问题之一，监管部门不断向金融机构施压，要求其加强对风险行为的控制。信息披露向同行业的机构传递一个信息：

通过绩效考评指标来加强风险文化,并将风险偏好纳入其中,是良好公司治理的重要部分。尽管这种信息的发布是由监管机构推动的,但最终整个金融行业将从中受益。

二、反对意见——对过度薪酬信息披露的担忧

对于薪酬细节的披露,学界表达的反对的理由主要在于:除了增加了金融机构的合规成本外,可能还会产生变相隐性抬高薪酬的效果。对于增加合规成本,主要表现为:"公司遵循信息披露规则的要求编辑、发布薪酬信息而产生的印刷费、邮寄费、律师费和会计师费以及可能因为信息披露而引发的诉讼费等,还包括因为高管薪酬信息披露产生的'噪音'。冗杂、累赘、令人困惑的高管薪酬信息,使得股东必须花费额外的时间和精力来对其进行梳理和甄别,以发现真正有价值的信息。"[①] 在实践中,2015年SEC要求美国企业必须向投资者披露其员工薪酬中位数与首席执行官薪酬的比例时,即遭到美国商会的强烈反对,理由即认为对于企业来说数据统计和披露的成本过高。

除了增加合规成本,最多的担忧还是来自薪酬披露可能产生的副作用。对于信息披露反而会提高薪酬水平的观点,有学者认为,信息披露强化了经营业绩报酬和业绩衡量标准及措施,容易造成:当公司更加注重业绩与薪酬之间的挂钩时,高管则会过度追求业绩提高薪酬,同时,薪酬的高低被认为是高管能力的体现,因而为了自身利益,高管有足够的动力提高自身薪酬。[②] 在金融领域,薪酬的披露极可能产生"棘轮效应"[③]。信誉对金融机构的生存和发展

---

① 邓辉、张怡超:《公司高管薪酬信息披露制度功能之辨正》,载《当代法学》,2010(6):61。

② Edward M. Iacobucci, *The Effects of Disclosure on Executive Compensation*, *University of Toronto Law Review*, Vol.48, 2008.

③ 棘轮效应又称"制轮作用",是指人的消费习惯形成之后有不可逆性,即易于向上调整,而难以向下调整,这一效应是由经济学家杜森贝提出的。

至关重要，而优秀的 CEO 对一个公司的影响不可估量，甚至关系到该公司的股价[①]，因而当竞争公司了解对方的薪酬制定时，会想尽办法为了抢到合适的人才，通过各种掩饰手段变相加薪，同时，高管为了证明自身的实力，往往会选择更高的薪酬者，最终结果与限薪目的背道而驰。在我国，大型金融机构以国有为主，董事会和薪酬委员会更容易因为高管薪酬披露而受公众所关注的压力作出反应，设计出低效率但政治正确的高管薪酬。"这些重要但经常被忽视的信息披露的成本，必须和其收益相比，从而决定最优的关于高管薪酬披露的数量"。[②]

不仅如此，对个人薪酬信息的披露在某种程度上，尤其是非高管员工薪酬的披露可能会触犯公民的隐私权。即使不妨碍其隐私权，对公司治理也可能会有影响，不利于公司稳定，很多公司不公布员工之间的具体收入即为了防止互相攀比而无法安心工作。

三、本书观点

客观地看待薪酬信息披露的功能将助于监管者更好地运用它。笔者认为，薪酬信息强制性披露将促使金融机构各方利益相关者都更加关注高管薪酬的支付方式，这无疑将更好地促进金融机构薪酬设计者将薪酬与金融机构长期风险挂钩，抑制过度风险行为。特别是在股东咨询性投票配套制度下，信息披露降低了股东获取薪酬信息的成本，鼓励了股东更加关心激励制度是否符合金融机

---

① 比如，英国保诚集团首席执行官谭天忠离职消息传出时，导致该公司市值缩水了接近 20 亿美元。之所以出现这样的反应，因为许多人认为谭天忠在这个位置上做得十分出色，保诚集团的股价缩水恰好证明了他的价值。而谭天忠离职后加入瑞士信贷的消息一经披露，该公司的股价即刻上涨了 7%。还有约翰·邦德先生在 2006 年 6 月离开了汇丰银行控股公司，自那以后，该公司在亚洲经济繁荣的情况下，股价依旧下跌了 50%，在一次又一次危机中艰难前行。

② Kevin J. Murphy, *The Politics of Pay: A Legislative History of Executive Compensation*, Marshall Research Paper Series Working Paper, August 24, 2011.

构长期稳健发展。此外，信息披露制度不仅能够有效地解决我国薪酬委员会中独立董事制度中独立性标准不够全面的问题，更重要的是，它还能够增加"声誉惩罚"机制对于董事会成员，尤其是薪酬委员会中独立董事在履行职责时的约束力，从而促使他们能够更加客观、公正以及勤勉地履行自己的职责。诚如美国联邦最高法院大法官白兰代斯（Louis D. Brandeis）的名言"'阳光是最好的防腐剂，灯光是最有效率的警察'就是借信息公开，发挥吓阻不法的功效"。[①]笔者需要强调的是，披露高管此类信息的目的不在于直接限制公司高管的薪酬，然而薪酬制定过程的更加透明可能会对高管产生约束。[②] 薪酬披露中传达的程序的公正和理性将有利于人们远离公愤情绪看待金融业的高薪现象，也为日后政府不得不伸出援手时更能得到理解和支持。

不可否认的是，强制披露高管此类薪酬的信息可能会增加上市公司的守法成本。除了披露本身产生的诸如编辑、发布薪酬信息而产生的印刷费、邮寄费、律师费和会计师费以及可能因为信息披露而引发的诉讼费等，薪酬的信息披露可能导致公司部分商业秘密的泄露。除此，由于"一般而言，公司的董事会都会认为他们所选择的高管的能力高于平均水平；或者，如果董事会承认公司高管的能力低于平均水平则会降低投资者的信心，因此不论何种情况，强制披露公司高管的薪酬，都会导致薪酬的上升而不是下降，因为公司董事会必然会把那些'低收入'高管的薪酬提升至中等或中等以上水平。"[③] 这样不仅会提高"低收入"高管的薪酬，同时又会提高整个高管薪酬的平均水平，如此往复，所以高管的薪酬呈现不断上升的趋势，这被学者称为"棘轮效应"（Ratchet

---

[①] 赖英照：《股市游戏规则：最新证券交易法解析》，6页，北京，中国政法大学出版社，2006。

[②] David I. Walker, *The Challenge of Improving the Long-Term Focus of Executive Pay*, 51 B.C. L. Rev. 435, 2010.

[③] David I. Walker, *The Challenge of Improving the Long-Term Focus of Executive Pay*, pp. 453-454.

Effect）。① 当金融业金融成为公众瞩目的焦点时，薪酬委员会可能会对因为高管薪酬披露而受公众所关注的压力作出反应，设计出低效率但政治正确的高管薪酬。"这些重要但经常被忽视的信息披露的成本，必须和其收益相比，从而决定最优的关于高管薪酬披露的数量。"②

笔者认为，相比于信息披露所能带来的利益，只要信息披露的成本在适度的范围之内，对于股东，尤其是中小股东而言都是可以接受的。高管股票期权薪酬的信息披露的最大功能在于促使董事会，尤其是薪酬委员会中的独立董事能够切实地履行自己的职责，制订出符合金融机构长期利益的薪酬激励计划。

第二节　《巴塞尔协议》的薪酬披露规则解析

作为全球各监管机构遵循的重要规则，《巴塞尔协议》支柱三的薪酬信息披露③要求详细规定了对信息披露的范围、事项、方法以及周期。此后，CEBS在上述要求的基础上强调了信息披露的可获性和差别性，提出的信息须容易被公众获得，且要求金融机构内部所有员工应事先知晓所有薪酬制定的标准和程序（包括对外保密事项）。为确保员工可以畅通无阻地了解薪酬政策，CEBS赋予监管机构不定期访问员工的权力，询问其是否可以轻松查到所有薪酬信息细节以及明白公布信息的含义。之后欧洲银行业管理局（European Banking

---

① "'棘轮效应'又称'制轮作用'，是指人的消费习惯形成之后有不可逆性，即易于向上调整，而难以向下调整，这一效应是经济学家杜森贝提出的。"参见百度百科，http://baike.baidu.com/view/392780.htm，最后访问日期：2012年10月12日。对"乌比冈湖效应"和"棘轮效应"的分析，参见邓辉、张怡超：《公司高管薪酬信息披露制度功能之辨正》，第59—60页。

② Kevin J. Murphy, *The Politics of Pay: A Legislative History of Executive Compensation* 10（Marshall Research Paper Series Working Paper FBE 01.11, August 24, 2011）, available at http://papers.ssrn.com/sol3/papers.cfm?abstract_id=1916358，最后访问日期：2012年10月15日。

③ Basel Committee on Banking Supervision, *Pillar 3 Disclosure Requirements for Remuneration*, July 2011.

Authority）结合 CEBS 的指导细则，针对年收入 100 万欧元以上的员工制定了《高收入薪酬信息数据指导》，规定了事无巨细的信息披露程序和事项。鉴于《巴塞尔协议》是最基础和核心的监管指导，作为 G20 的成员国也有义务对该协议进行吸收和借鉴，即选择该规则作为范本进行详细解读。

一、信息披露方法和周期

银行至少每年披露一次，将所有薪酬信息在一个文件内公布出来，除非是同一时间相关的信息已经在会计报告或上市信息中真实披露过，并要说明在什么地方可以查找到所需相关信息。为了提高信息披露的透明度，监管者可要求银行以表格或图表方式，对之前几年（追溯到从第一年执行该要求时）薪酬制度相关数据作一个定量的披露。通过图示、表格等方式来披露信息，而不是用专业性很强、枯燥乏味的格式化词句来表述所披露的信息是目前有关薪酬信息披露形式要求各界达成的一个共识。规定同样的披露方法的好处在于可以避免披露流于繁复的形式，通过监管机构提供的统一表格，更容易帮助信息获悉者快速直接地得到信息，而针对薪酬与风险之间关系的信息描述，尽量使用日常化和通俗易懂的词汇予以说明。

二、信息披露具体项目

巴塞尔银行监管委员会要求对薪酬制度的信息披露包括定性和定量的分析，细化了 2009 年《支柱二的实施指导》中的领域：薪酬委员会或薪酬治理会的结构、薪酬制定人员的独立性、薪酬体系的结构、定期评估的周期、风险调整的方法、薪酬和业绩的关联、长期业绩的评定方法、薪酬的形式种类。具体披露信息的项目如表 5.1 所示（注：表中定量的信息披露只包括高级管理层和其他实质的风险操作者）。

表 5.1 《巴赛尔协议》薪酬信息披露要求

		薪酬信息披露内容
定性披露项	a	公司内部负责薪酬激励制度的主体相关信息，包括： 1. 监督薪酬体系主体的组成人员姓名、构成以及授权； 2. 公司外提供建议的咨询专家，他们所在机构以及对薪酬进程的哪一块领域负责； 3. 薪酬激励制度的实施范围（如哪些地区、哪些业务线等），以及对国外分行或支行的实施强度； 4. 产生实质风险的员工的类型以及高级经理人，包括每种类型人员的人数
	b	薪酬激励体系的设计以及薪酬发放过程的相关信息： 1. 薪酬政策的主要目标和特征； 2. 薪酬委员会是否在过去一年对公司的薪酬制度进行回顾，作了哪些调整； 3. 如何确保薪酬制定人员和风险控制部门薪酬发放独立于其监管业务
	c	在薪酬体系中如何计算现在和未来可能出现的风险： 1. 实施薪酬措施时，对银行主要风险评定的概况； 2. 测量风险方法的性质和类型概况； 3. 测量方法如何影响薪酬； 4. 上述方法的改变，以及改变原因和改变对薪酬计算的影响
	d	银行如何将业绩表现和薪酬水平挂钩： 1. 银行业绩评估量度的概况，最高水平的业务线和个人； 2. 个人薪酬的总量和银行范围与个人业绩如何联系； 3. 当业绩指标较差时银行如何实施薪酬制度（包括每个银行对"较差"的定义）
	e	制定薪酬时，如何将长期的业绩表现纳入薪酬计算中： 1. 关于延迟支付浮动薪酬制度的概况，如果员工之间浮动薪酬的小部分不同，则需说明浮动的标准和考虑因素； 2. 延迟支付薪酬和通过协议追回薪酬制度相关政策和实施标准
	f	薪酬发放形式相关信息以及理由： 1. 浮动薪酬形式的概况（比如现金、股票还是股票挂钩的金融工具）； 2. 如果员工之间薪酬发放形式的组合不同，阐述该组合的理由和标准
定量信息披露项	g	每个财政年度薪酬委员会主要成员开会的次数和对其成员发放薪酬状况

续表

薪酬信息披露内容		
定量信息披露项	h	1. 每个财政年度收到浮动薪酬奖金的员工数量； 2. 每个财政年度保证奖金数量总数； 3. 每个财政年度发放签约奖金总数； 4. 每个财政年度发放离职金总数
	i	1. 每个财政年度延迟支付的薪酬奖金总数，每种形式各占多少； 2. 每个财政年度结清的薪酬
	j	击穿每个财政年度所有薪酬奖金实质并分类公布： 1. 固定的和浮动薪酬； 2. 延迟支付和未延迟支付的薪酬； 3. 薪酬发放形式的种类
	k	对员工延迟支付的薪酬隐性和显性影响： 1. 由于对之前作出风险调适延迟支付薪酬总额； 2. 受隐性因素影响而减少的薪酬，如浮动股价造成的减少等； 3. 受显性因素影响而减少的薪酬，如通过薪酬追回、薪金惩罚制度等手段而减少的薪酬

三、其他说明

巴塞尔银行监管委员会认为公司利益相关者应当详细了解公司的薪酬制度，以便对公司的风险状况更好地作出评估，比如交易对手方也可以将其作为作出商业决定的考虑因素等。这里的利益关联方包括监管者、交易对手方、股东、存款人甚至政府（如果该地有系统重要性银行的话）。巴塞尔银行监管委员会只对股东的参与提供一些监管建议，至于其他利益相关人，只是认为有对薪酬规则的知情权。

鉴于有些银行规模可能不足以需要成立一个薪酬委员会，或是没有足够的资源去实施，因此并不要求所有银行都遵循该要求，具体取决于银行的风险状况和所要披露信息是否涉及专有信息或是保密等。文件最后还附属一张表格，要求公布每个高管人员和风险实施者的详细情况，包括其个人薪酬的结构和具体数额。这一方式也被中国保监会采用。

第三节 美国金融机构薪酬信息披露规则发展及特点

作为被认为有着最严苛信息披露制度的美国，为适应金融危机后监管需求，美国在经历了1992年、2006年两次关于高管薪酬信息披露的修订后，再次在《2010多德—弗兰克华尔街改革与消费者保护法案》中增添了新的披露要求。[①]

一、报告可读性的增强

信息披露若想发挥其作用，最重要的是其可读性要强。对于非专业人士来说，读出想要的结论并非易事。美国几次薪酬信息披露的修改都有所体现。

1992年的修订主要为"增加股东对以下事项的理解：所有支付给董事和高管的薪酬、董事作出支付薪酬决定时所采用的依据以及薪酬和公司业绩之间的关系"。[②] 通过一系列简明的表格增强了薪酬披露信息的可读性，便于理解和获取相关信息，尤其是在对期权薪酬发放的信息披露上[③]。且为了表现高管薪酬的水平是市场竞争的结果，公司应该披露与主要股票指数前5年每年投资

---

① 参见 Warren J. Casey & Richard Leu, *New Executive Compensation Disclosures Under Dodd-Frank*, available at http://www.daypitney.com/news/newsDetail.aspx?pkID=3287, 最后访问时间2013年1月19日。

② Terrion Terrion H F, *Regulation S-K, Item 402: The New Executive Compensation Disclosure Rules*, Case Western Reserve Law Review, 1993.

③ 第一张表格公开过去一年中所发行的股票期权，并以5%和10%的股价增长率（Stock Price Appreciation Rates of Five and Ten Percent）来计算该股票期权在行权时潜在的价值。第二张表格公开过去一年中已经行权的股票期权的价值以及已届行权期但未行权的股票期权价值。第四张表格公开之前是否调整或修改了股票期权的行权价格。

回报率的曲线比较图。这些股票指数可以为同一交易市场的综合指数（如果是标准普尔500指数的公司，则公司必须使用该指数作为比较对象），也可以是公开的行业指数或者公司自己选择的同类公司。

2006年"针对公司高层管理者的薪酬形式越来越从明码标价转为模糊不清这样一个趋势，SEC增加了一系列新规则。新的规则采用叙述性披露加表格式披露的方式，加大了对报酬制定过程的陈述力度"，[①] 新的规则突出强调了应当使用平实的语言（Plain English）进行信息的披露。主要包括应当使用：（1）清晰、简洁的章节和段落以及短句；（2）使用确定性的日常用语；（3）避免使用双重否定、法律术语、高度技术性的词汇以及定义性的术语；（4）使用描述性的标题和次标题；（5）对复杂的素材进行表格式或者要点式（Bullet Lists）的表述。[②] 公司应当避免过于复杂和样板式的披露。

2010年在《多德—弗兰克法案》中要求公司应当以图表的形式披露公司高管薪酬与公司业绩之间的关系，该业绩应当考虑公司的股票和红利以及任何分配的价值变化。

二、注重制定程序

对于程序性的信息要求更多客观的披露。程序的透明是越来越多利益相关者关注的问题，程序的合理化设置是薪酬能否实现与业绩、风险等挂钩的前提。

[①] 杜晶：《上市公司管理报酬法律制度的理论与现实》，载《清华法学》，2009（3）：141-142。披露规则的具体内容，参见SEC Final Rule Release（FRR）33-8732A, Executive Compensation and Related Person Disclosure, available at http://www.sec.gov/rules/final/2006/33-8732a.pdf，最后访问时间2013年1月19日。

[②] 公司通过采用七种表格来直观地表示公司高管和董事的薪酬，分别是：Summary Compensation Table（"SCT"）、Grants of Plan-Based Awards Table（supplementing the SCT）、Outstanding Equity Awards at Fiscal Year-End Table、Option Exercises and Stock Vested Table、Pension Benefits Table、Nonqualified Deferred Compensation Table 以及 Director Compensation Table（Patterned after the SCT for the NEOs.）。

例如1992年修改中要求披露薪酬发放的指标,定性及定量的都要求披露。该报告的主要目的使得股东知道薪酬委员会是如何代表他们的利益的。[①] 为了避免由于"交叉董事"情况存在而导致的利益冲突的发生,按照SEC的要求,如果公司存在下列情况,则需披露:(1)两家公司的薪酬委员会董事存在交叉任职的情况;(2)一家公司的执行官担任第二家公司薪酬委员会的董事,而第二家公司的执行官担任第一家公司薪酬委员会的董事;(3)一家公司的执行官担任第二家公司薪酬委员会的董事;而第二家公司的高管担任第一家公司的董事。

2006年的信息披露要求在公司年度报告中加入薪酬的讨论与分析部分（Compensation Discussion & Analysis/CD&A）,其主要目的是让公司披露公司的薪酬政策和决定背后的考虑因素。[②] 要求阐述公司薪酬目标以及薪酬中的各部分是如何实现该目标的、薪酬中的各种组成部分、为什么选择这些薪酬组成部分、如何决定该组成部分的薪酬数量以及该部分在整个薪酬组成中所起到的作用。诚如前文所述,薪酬委员会的独立性与专业性是制定稳健薪酬的关键,2010年《多德—弗兰克法案》则要求对薪酬委员会制定薪酬的全过程进行披露,此外,对于薪酬顾问,还要求说明其为谁所雇用（公司还是高管）。

三、强调薪酬与风险

在对金融危机反思之后,信息披露要求中更加强调与风险相关因素的披露。2009年"代理披露改进公告"中有关薪酬披露改革要求披露的信息包括"公司中承担重要风险的业务单位;薪酬结构与其他部门有重大差异的业务单位;

[①] Halle Fine Terrion, *Regulation S-K, Item 402: The New Executive Compensation Disclosure Rules*, Case Western Reserve Law Review, 1993.

[②] Johnson L, Jones J.J. and Fuchs D.J., *Preparing Proxy Statements under the SEC's New Rules Regarding Executive and Director Compensation Disclosure*, U.c.davis Bus.l.j, 2006.

盈利能力显著超过其他部门的业务单位；薪酬费用相对收入比重大的业务单位；总风险与薪酬结构显著不同于公司的业务单位等"[①]。《多德—弗兰克法案》中薪酬信息披露更是体现了预防任何防止高管过度风险行为理念。因此，可能与公司稳健发展相悖的薪酬安排都需要披露，例如高额高管离职补偿金，被认为是鼓励了高管更无后顾之忧地拿纳税人的钱赌博，因而《多德—弗兰克法案》要求金融机构披露高管的离职补偿金安排的具体信息。此外，薪酬结构中所有的激励要素、股东话语权等相关规定均要体现在信息披露文件中。

美国的薪酬信息披露法律规定虽也有争议之处，但总体增强了薪酬信息的真实透明度，为利益相关者提供了有参考价值的信息。

第四节 完善国内金融机构薪酬信息披露规则

在《巴塞尔协议》和 FSB 相关监管规则的指引下，国内陆续出台了对金融机构高管及其他风险承担者薪酬信息披露的规则，但不同规则之间的差异较大。

一、国内相关法律规定现状及评析

银监会在 2010 年的《商业银行稳健薪酬指引》中要求商业银行董事会应每年将薪酬管理信息作为年度报告披露的内容披露。主要内容包括："薪酬管理架构及决策程序[②]，年度薪酬总量、受益人及薪酬结构分布；薪酬与业绩衡量、风险调整的标准；薪酬延期支付和非现金薪酬情况，包括因故扣回的情况；董事会、高级管理层和对银行风险有重要影响岗位的员工的具体薪酬信息；年度薪酬方案制订、备案及经济、风险和社会责任指标完成考核情况；如有与原

---

① 傅颀：《美国高管薪酬信息披露制度最新进展研究及启示》，载《商业会计》，2013（10）。
② 包括薪酬管理委员会（小组）的结构和权限。

定薪酬方案不符合情况,需要特别说明。"①

保监会以表格的形式要求被监管机构提供薪酬管理报告附件,主要如下:薪酬基本情况,包括基本薪酬、目标绩效薪酬、绩效薪酬②、其他货币化的福利性收入,是否有中长期激励;对于薪酬结构需要填写自评表格,是定性与定量相结合的自评性结论,包括目标绩效薪酬是否不低于基本薪酬?绩效薪酬是否控制在基本薪酬的3倍以内?福利性收入包括哪些项目?其发放是否符合国家政策和公司的相关规定?其总和是否控制在基本薪酬的10%以内;福利性表格则要求填写法定福利、补充福利与津补贴的具体内容;除此之外,延期支付的每年发放绩效薪酬与比例都要填写;薪酬管理制度,公司需要作出定性的自评,包括对薪酬管理制度、薪酬管理流程、董事会及薪酬委员风险管控部、责任追究及薪酬水平的自评;③此外还有绩效考核机制、指标,风险合规指标和风险调整的公司自评内容。

新修订的《证券公司治理准则》要求证券公司应当披露董事、监事、高级管理人员薪酬管理信息,至少包括:薪酬管理的基本制度及决策程序;年度薪酬总量和在董事、监事、高级管理人员之间的分布情况;薪酬延期支付和非现金薪酬情况。回顾理解上述现存法规,存在下列问题。

---

① 包括影响因素,以及薪酬变动的结构、形式、数量和受益对象等。
② 绩效薪酬根据当年绩效考核结果确定,不包括前几年度递延至当年发放的绩效薪酬。
③ 具体包括:薪酬管理制度是否完备?是否针对不同对象制定了相应的管理制度?薪酬管理流程是否规范?不同层级的考核人、考核对象及考核程序是否清晰合理?董事会是否下设薪酬委员会?是否由独立董事担任主任委员?董事会是否具备专业胜任能力?董事会对薪酬管理的哪些内容进行过审核?薪酬委员会是否对董事会议案进行过充分研究和讨论并提出专业意见和建议?风险、合规和审计部门是否对薪酬管理制度相关的绩效考核指标和绩效目标提出过意见?公司是否发现工作人员存在违反薪酬管理程序擅自发放薪酬、擅自增加薪酬激励项目或者在绩效考核中弄虚作假的情况?如果有,是否进行了责任追究?公司薪酬总体水平是否符合行业发展阶段和公司实际,公司高管人员薪酬水平是否充分考虑了公司财务状况、经营结果、风险控制等多种因素?

（一）适用标准不统一，信息可读性不强

监管机构之间对于金融机构的披露要求各不一致，容易造成对于要求模糊，不能显示薪酬透明性的金融机构利用此制定出不符合稳健薪酬原则但更具有吸引力的薪酬安排，可能会造成金融机构之间竞争的不平等。

具体到内容，除了保监会的报告表格注重了可以体现薪酬与风险之间关系的信息，且大多还是"自评"信息，其客观性值得商榷外，银监会和证券公司治理准则的要求具体内容过于含糊，很难从其提供的信息中得出薪酬与业绩、与风险是否良好挂钩的结论。陈述性的文字过多时，会使得信息的披露过于冗长，徒增了利益相关者获取有价值信息的时间成本。不仅如此，这种过于依赖文字陈述的形式可能会导致一些金融机构呈现出的信息披露流于形式。

（二）缺乏程序性的信息披露要求

对于薪酬制定程序中的信息细节，监管部门并未要求披露。例如缺乏对于薪酬委员会成员的更多具体信息的披露，以便利益相关者更好地评判薪酬制定主体是否符合专业独立性的特征。对于薪酬顾问，通常会对薪酬政策给予重要建议，在薪酬决策中的地位不可忽视。然而，提供薪酬顾问的公司或关联方服务不局限于此，往往还与服务对象的其他业务诸如福利管理、人力咨询等相关，为了继续和雇主保持友好合作，其提供的建议是否独立和客观值得商榷。因此，关于薪酬顾问提供的其他服务也应当体现出来。除了制定主体资格，还缺乏制定过程中决策细节的披露。从目前的上市公司高管薪酬披露中也发现，我国上市公司对于高管薪酬的决策程序的披露，基本是以"本公司已制定完善的薪酬决策机制"等语言予以说明，无法给投资者有意义的信息。[①] 缺乏诸如：薪酬

---

① 葛家澍、田志刚：《上市公司高管薪酬强制性披露研究》，载《厦门大学学报（哲学社会科学版）》，2012（3）：34-41。

委员会对自身成员相关薪酬议题讨论情况是否需要披露[①];公司是否聘请了专业机构为股票期权的制定提供专业意见;有关法律顾问、薪酬顾问是否存在利益冲突等重要信息。此外,独立董事发表的独立意见也过于格式化,缺乏具有公司特性的有效信息。

信息披露对监管机构评估金融机构是否采取了稳健的薪酬体系至关重要,国内也开始逐渐注意到其作用,但与国际监管标准和美国的法律制度相比,都还有需要补充完善之处。

二、对国内金融机构薪酬披露规则的启示

不难发现,用图表和陈述性表达相结合的披露模式,定性与定量披露信息俱在的内容会大大增强披露信息的可读性。在真实、准确、完整以及准时信息披露原则的基础上,薪酬的信息披露还应当易懂、透明和全面。因此,建议各监管部门要求金融机构提供统一的表格及其他陈述性文字,使得披露形式更加直观统一,保证披露信息的充分性、一致性及有效性,减少监管部门及其他利益相关者阅读成本,也便于对不同金融机构薪酬制定政策进行对比。薪酬披露绝非单纯地披露薪酬高低,最重要的是提供给监管机构及利益相关者判断其薪酬政策是否存在激励过度的现象。在制定披露信息要求时,对于薪酬制定程序性的相关信息和薪酬结果的披露同样重要,公司董事会和薪酬委员会应该对于制定风险承担者薪酬的过程、背景、可行性、对公司业绩的影响以及预期目标等进行较为深入和易懂的说明。只有向公众、投资者、借贷者、监管者发布有效且相关的信息,才是高效率市场及有效监管体系的基础。具体做法应当包括以下几点。

[①] 按照《董事会专门委员会实施细则》第十九条规定,"薪酬与考核委员会会议讨论有关委员会成员的议题时,当事人应回避"。但遗憾的是,本条没有规定对此回避情况公司需要披露,所以外界也无法准确获知相关情况。

(一)内容方面的完善

具体到薪酬披露事项,目前应先确保适用薪酬监管的金融机构遵循统一信息披露要求,防止监管真空和重叠。在分业监管以及国资委对于国有金融机构薪酬制定特别监管的情况下,监管对象难免会有重复的可能。若各监管规则有所差别,很可能造成竞争的不公平,出现金融机构利用此差别滥发薪酬的情况。

对于披露的事项,应当至少包括以下信息:(1)与薪酬决定机制相关信息。具体包括金融机构内部负责薪酬激励制度的主体相关信息(主要是组成人员姓名、构成;公司外提供建议的咨询专家及其他们所在机构和所负责进程领域);如何确保薪酬制定人员和风险控制部门薪酬发放独立于其监管业务;所披露的薪酬激励制度的实施范围(如哪些地区、哪些业务线等),以及对国外分行或支行的实施强度;产生实质风险的员工的类型以及高级经理人,包括每种类型人员的人数。(2)体现出薪酬与风险挂钩的关系信息。在薪酬体系中如何计算现在和未来可能出现的风险(发放薪酬时,对银行主要风险的评定的概况;测量风险方法的性质和类型概况;测量方法如何影响薪酬以及上述方法的改变,以及改变原因和改变对薪酬计算的影响);银行如何将业绩表现和薪酬水平挂钩;薪酬发放形式相关信息以及理由,具体包括:浮动薪酬形式的概况(比如现金、股票还是与股票挂钩的金融工具,且如果员工之间薪酬发放形式的组合不同,阐述该组合的理由和标准);每个财政年度薪酬委员会主要成员开会的次数和对其成员发放薪酬状况(包括每个财政年度收到浮动薪酬奖金的员工数量、每个财政年度保证奖金总数、每个财政年度发放签约奖金总数、每个财政年度发放离职金的总数、每个财政年度延迟支付的薪酬奖金总数、每种形式各占多少击穿每个财政年度所有薪酬奖金实质并分类公布);以及延迟支付制度实施的具体状况(由于对之前作出风险调适延迟支付薪酬总额;受隐性因素影响而减少的薪酬,如浮动股价造成的减少等;受显性因素影响而减少的薪酬,如通过薪酬追回、薪金惩罚制度等手段而减少的薪酬)。

（二）形式上的精简

建议统一使用以表格为主的披露形式，中国保监会已经采用了相应的形式。规则可以要求和引导金融机构在对薪酬信息披露时，尽量使用日常化和通俗易懂的词汇予以说明，并且应多用图示和表格的形式来直观形象地披露有关信息。应当尽量避免使用过于专门的术语、令人望而却步的数学模式以及复杂的句式结构。金融机构薪酬信息披露的重要内容之一是强调薪酬与风险的联系，涉及金融机构的众多环节和可能的风险暴露，只有通过较为平实的语言才能减少信息获取者读懂信息的成本。最为重要的是，通过表格和相关信息的有效描述，使得公众对金融机构的薪酬关注不仅仅停留在高或低的讨论上，而是更多地引发公众对薪酬制定是否符合稳健薪酬原则的理性思考。

结语

在本书写作结束之际,恰逢一部展现以做空人的经历为引子,揭示了由美国引发的2008年国际金融危机中的种种人事,以及酿成这次危机的深刻的人性原因的电影热映。电影展示了不同金融机构,包括银行、房贷公司、评级机构,甚至SEC里人物在金钱的巨大诱惑下如何抛弃常识、放弃道德底线,一步步将风险暴露的情节。由于各种金融链条的相互作用、资本市场的相互关联,同时由于外部监管反应不及时,危机很快从单个金融机构蔓延到整个金融市场,诱发金融市场动荡,最终引发系统性的经济金融危机。影片的结尾揭示了一个真相:泡沫破灭时,最终还是由纳税人埋单。由此,在鼓励金融创新的同时,需要有代表广大民众利益的声音。

随着金融市场的一体化,国际监管规则发挥越来越重要的角色,法律约束力也日趋强硬,对一国金融监管法律体系的形成有直接且关键的影响。鉴于法律制度、体制结构、金融业发展状况、商业习俗等的不同,国家间对于同样的规则有着不同解释。巴塞尔银行监管委员会以及其他重要国际金融监管机构在金融机构建立公司治理标准中发挥了重要作用。作为公司治理中的重要议题之一,合理的薪酬制度早已被确立是核心金融机构治理原则之一,但直到金融危机过后,激励制度暴露的缺陷才引发监管当局的高度关注和深刻反思。关于危机的成因尚无统一定论,但不可否认的是,奖惩严重失衡的薪酬激励制度是造成整个金融业贪婪特质、诱发危机的重要根源。然而值得注意的是,仅仅依赖天然具有滞后性的监管,并不能彻底解决这一问题。在金钱成为一切价值衡量的金融界，只有改变金融家所处的制度生态，自下而上改变金融机构从业人员社会价值的衡量标准，所推行的监管规则才能更好地发挥作用。

在实施监管规则的同时，推行稳健安全的风险文化能够使有形的风险责任感在上至高层、下至前线普通员工中形成。将看似无形的风险文化制度化则要求机构作出变革，需要董事会、首席执行官、首席风险官和整个高级管理团队长期持续不懈的努力。其中，十分关键的因素就包括通过绩效管理、赔偿和惩戒措施让员工了解违规行为所产生的后果。薪酬激励的监管最终目的仍然是通过激励约束机制抑制过度风险行为，因而金融机构健康风险文化理念的推行和监管规则实施应当是互相促进的。

监管的有效性还应当有责任承担机制来保障。除了内部管理要对不符合稳健发展的风险行为作出相应的处罚，在绩效薪酬上要所有体现外，法律也应当同样明确薪酬制定主体或金融机构不履行监管要求时应承担的责任。同时，监管机构应当被明确赋予相应的处罚权，以及在此过程中的监管权、具体的监管方式。综观国际监管规则，以及域外立法，在这一点上鲜有提及，或是比较笼统地概括了相关要求。

除了利用监管的方式，诸如利用税收工具的政府调控也不失为扭转金融业扭曲的高管薪酬激励制度的方式之一。灵活运用税前抵扣、税种和纳税时间等税收调节工具，间接干预金融机构高管薪酬管理实践，以激励企业合理设计高管薪酬契约。不仅如此，对于高管薪酬的税收调节，还有利于在维护社会收入分配公平，促进金融业吸引高端人才的同时，发挥其对经济对社会的积极作用。

中国金融业的发展相对而言更加保守与稳健，但其背后隐性的国家担保导致的"大而不倒"的道德危机更加严重，审慎监管显得更为重要。特别是在2008年国内经济下滑采取各种刺激方案后，信贷量的骤增等都是不可忽视的隐患。诚然，国内的问题有其独特地方，但是就激励机制的监管而言，也有国际经验教训值得学习和镜鉴。而当前的限薪被狭隘地理解为限制薪酬的绝对值，在实践中常被简单粗暴地使用,不仅不利于被监管机构在国际化竞争中吸引优秀人才,法律的权威性和稳定性也常被质疑。因而,目前而言,研究金融机构薪酬监管,建立统一有效的法规是当务之急。

参考文献

［1］ 孙天琦：《金融业行为风险，行为监管与金融消费者保护》，载《金融监管研究》，2015（3）。

［2］ 赵华伟：《金融机构高管薪酬监管与改革路径选择》，载《金融教学与研究》，2015（1）。

［3］ 吴世学：《全球金融危机与公司治理》，载《交大法学》，2014（2）。

［4］ ［美］詹姆斯·R.巴斯、小杰勒德·卡普里奥、罗斯·列文：《金融守护人：监管机构如何捍卫公众利益》，上海，生活·读书·新知三联书店，2014。

［5］ 周仲飞：《全球金融法的诞生》，载《法学研究》，2013（5）。

［6］ 隋平：《美国高管薪酬监管制度存在的缺陷》，载《社会科学家》，2013（6）。

［7］ 罗胜：《保险公司的薪酬监管》，载《中国金融》，2013（6）。

［8］ 宋晶：《国企高管薪酬制度改革路径与模式研究》，北京，经济科学出版社，2013。

［9］ 段军山、黄剑超：《银行治理，高管薪酬与银行绩效》，载《金融论坛》，2013（8）。

［10］ 杨雁：《上市商业银行高管薪酬与经营绩效关系研究——基于9家上市商业银行2008—2012年的面板数据》，载《当代经济科学》，2013（6）。

［11］ 林建秀：《完善上市公司高管薪酬信息披露管理机制研究》，载《经济纵横》，2013（3）。

[12] 刘志洋、宋玉颖：《金融业高管薪酬机制及政策研究》，载《商业研究》，2013（6）。

[13] 高圣宝、赵然：《金融高管薪酬理论研究及启示》，载《宁夏大学学报（人文社会科学版）》，2013（6）。

[14] 葛家澍、田志刚：《上市公司高管薪酬强制性披露研究》，载《厦门大学学报（哲学社会科学版）》，2012（3）。

[15] 罗培新：《公司高管薪酬：制度积弊及法律应对之限度——以美国经验为分析视角》，载《法学》，2012（12）。

[16] 李臣：《金融危机后美国金融机构薪酬监管改革及其对我国的启示》，载《金融法苑》，2012（1）。

[17] 樊健：《上市公司高管薪酬追回制度之研究——美国经验与中国借鉴》，载《商事法论集》，2012（2）。

[18] 蒋建湘：《国企高管薪酬法律规制研究》，载《中国法学》，2012（1）。

[19] 钟震：《危机后国际金融机构薪酬监管体系的发展及启示》，载《金融与经济》，2012（1）。

[20] 谢德仁、林乐、陈运森：《薪酬委员会独立性与更高的经理人报酬-业绩敏感度——基于薪酬辩护假说的分析和检验》，载《管理世界》，2012（1）。

[21] 刘西友、韩金红：《上市公司薪酬委员会有效性与高管薪酬研究——基于"有效契约论"与"管理权力论"的比较分析》，载《投资研究》，2012（6）。

[22] ［美］弗兰克·B.克罗斯（Frank B. Cross）、罗伯特·A.普伦蒂斯（Robert A. Prentice）著，伍巧芳、高汉译：《法律与公司金融》，北京，北京大学出版社，2011。

［23］［美］约翰·科菲著，黄辉、王长河译：《看门人机制：市场中介与公司治理》，北京，北京大学出版社，2011。

［24］吕思贤：《次贷风暴后金融机构治理之研究——以薪酬机制为中心》，台湾大学国家发展研究所学位论文，2011。

［25］宋清华、曲良波：《高管薪酬、风险承担与银行绩效：中国的经验证据》，载《国际金融研究》，2011（12）。

［26］中国银行业监督管理委员会国际部译：《第三版巴塞尔协议》，北京：中国金融出版社，2011。

［27］朱羿锟：《论高管"问题薪酬"的董事问责》，载《现代法学》，2010年第32卷第4期。

［28］周仲飞：《银行法研究》，北京，上海财经大学出版社，2010。

［29］［英］亚历山大等著，赵彦志译：《金融体系的全球治理》，大连，东北财经大学出版社，2010。

［30］［美］罗纳德·哈里·科斯著，盛洪、陈郁译校：《企业、市场与法律》，上海，格致出版社，2009。

［31］［美］卢西恩·伯切、克杰西·弗里德著，赵立新等译：《无功受禄：审视美国高管薪酬制度》，北京，法律出版社，2009。

［32］傅穹、于永宁：《高管薪酬的法律迷思》，载《法律科学：西北政法学院学报》，2009（6）。

［33］杨心宇：《实行国企高管薪酬的法制化管理》，载《探索与争鸣》，2009（5）。

［34］李建伟：《高管薪酬规范与法律的有限干预》，载《政法论坛》，2008年第26卷第3期。

［35］孙祁祥、郑伟、肖志光：《保险业与美国金融危机：角色及反思》，载《保险研究》，2008（11）。

［36］ 施天涛：《公司法的自由主义及其法律政策——兼论我国公司法的修改》，载《环球法律评论》，2005（1）。

［37］ Ashish S. Joshi. Clawback Agreements In Commercial Litigation: Can You Unring a Bell? ［J］.87-DEC Mich. B.J. 34（2008）.

［38］ Alan S. Blinder.Crazy Compensation and the Crisis［J］. *Wall Street Jounary*，May28，2009.

［39］ Alexander K，Dhumale R，Eatwell J. Global Governance of Financial Systems: the International Regulation of Systemic Risk［M］. Oxford University Press，2006.

［40］ Alexander K. Practical implementation of CRD Ⅲ Remuneration rules in the UK-issues and Results［J］. 2012.

［41］ Allen Frankel. The Risk of Relying on Reputational Captial；A case study of the 2007 Failure of New Century Financial［J］. WP294，*Bank for International Settlements*，2009，p.4.

［42］ Barontini R，Bozzi S，Ferrarini G A，et al. Directors' Remuneration Before and After the Crisis: Measuring the Impact of Reforms in Europe［J］. 2013.

［43］ Bhagat S，Bolton B J. Bank Executive Compensation and Capital Requirements Reform［J］. Available at SSRN 1781318，2013.

［44］ Bebchuk, Lucian A., Alma Cohen, and Holger Spamann. "Wages of Failure: Executive Compensation at Bear Stearns and Lehman 2000-2008,The."Yale J. on Reg. 27（2010）: 257.

［45］ Chen M A，Greene D T，Owers J E. The Costs and Benefits of Clawback Provisions in CEO Compensation［J］. *Review of Corporate Finance Studies*，2015，4（1）: 108-154.

［46］ Chiu I H Y. Learning from the UK in the Proposed Shareholders' Rights

Directive 2014? European Corporate Governance Regulation from a UK Perspective [J]. *European Corporate Governance Regulation from a UK Perspective* (April 2, 2015).ZVg1RWiss, 2015, 114.

[47] Conyon, M. and G. Sadler.Shareholder Voting and Directors' Remuneration Report Legislation: Say on Pay in the UK [J]. *Corporate Governance: an International Review*, 2009, 18 (4): 296–312.

[48] Cotter J F. The First Year of "Say on Pay" under Dodd-Frank: An Empirical Analysis and Look Forward By James F. Cotter, Alan R. Palmiter and Randall S. Thomas, Draft: February 17, 2013 [D]. School of Business, Vanderbilt University, 2013.

[49] Cybinski P. Windsor C. Remuneration Committee Independence and CEO Remuneration for Firm Financial Performance [J]. *Accounting Research Journal*, 2013, 26 (3): 197–221.

[50] Danthine Jean-Pierre. After the Crisis – improving Incentives in the Financial Sector, Speech Given on 20 May 2011.

[51] Donald C. Clarke, "Nothing But Wind"? The Past and Future of Comparative Corporate Governance [J]. 59 Am. J. Comp. L. 75, 80 (2011).

[52] Eaton J, Rosen H S. Agency, Delayed Compensation, and the Structure of Executive Remuneration [J]. *The Journal of Finance*, 1983, 38 (5): 1489–1506.

[53] Erica Beecher-Monas, Role of Corporate Board Executive Pay Decisions In Precipitating Financial Crisis [J]. *Transactions Tenn.* J. Bus. L. 51, 2009.

[54] Ertimur Y, Ferri F, Oesch D. Shareholder Votes and Proxy Advisors: Evidence From Say on Pay [J]. *Journal of Accounting Research*, 2013, 51 (5): 951–996.

[55] Efing M, Hau H, Kampkötter P, et al. Incentive pay and bank risk-taking: Evidence from Austrian, German, and Swiss Banks [J]. *Journal of International Economics*, 2015, 96: S123-S140.

[56] Faghani M, Monem R, Ng C. Say on Pay Regulation and Chief Executive Officer Pay: Evidence From Australia [J]. *Corporate Ownership & Control*, 2015: 28.

[57] Ferran E. New Regulation of Remuneration in the Financial Sector in the EU [J]. *European Company and Financial Law Review*, 2012, 9(1): 1-34.

[58] Ferrarini G A, Ungureanu M C. Executive Remuneration. A Comparative Overview [J]. Draft Chapter for the Oxford Handbook of Corporate Law and Governance (J. Gordon and G. Ringe eds.), *Oxford University Press, Forthcoming*, 2014.

[59] Ferri F, Maber D A. Say on pay votes and CEO compensation: Evidence from the UK [J]. *Review of Finance*, 2013, 17(2): 527-563.

[60] Fried, Jesse M., and Nitzan Shilon. The Dodd-Frank Clawback And The Problem of Excess Pay [J]. *The Corporate Board January, February* (2012).

[61] Fernandes N, Ferreira M A, Matos P, et al. Are US CEOs Paid More? New International Evidence [J]. *Review of Financial Studies*, 2012: hhs122.

[62] Ferrarni, Guido, Ungureanu, Merrarini: Economics, Politics, and the International Principles for Sound Compensation Practices: An Analysis of Executive Pay at European Banks [J]. *In Vanderbilt Law Review* 64(2), pp. 431-502.

[63] Ferri F, Goex R F. Regulation and Disclosure of Executive Compensation [J]. *European Accounting Review*, 2013, 22(1).

［64］ Freshfields Bruckhaus Deringer（2010）The Capital Requirements Directive and Bankers' Bonuses:Some Questionsand and Answers.

［65］ Geiler P, Renneboog L. Executive Remuneration and the Payout Decision［J］. *Corporate Governance: An International Review*, 2016, 24（1）: 42–63.

［66］ Gabaix X, Landier A, Sauvagnat J. CEO Pay and Firm Size: An Update After the Crisis［J］. *The Economic Journal*, 2014, 124（574）: F40–F59.

［67］ Grant Kirkpatrick. The Corporate Governance Lessons from the Financial Crisis［J］. *Financial Market Trends*, 2009.

［68］ Gregory-Smith I, Main B G M. Binding Votes on Executive Remuneration［J］. 2013.

［69］ Grippo, Emanuele, Parisi. Fabio. Banks' Remuneration and Incentive Policies and Practices in Italy after the European Directive 2010/76［J］. *Journal of Banking Law and Regulation*（J.I.B.L.R.）2011, 26（10）: 480–483.

［70］ Hausmann Y, Bechtold-Orth E. Changing Remuneration Systems in Europe and the United States—a Legal Analysis of Recent Developments in the Wake of the Financial Crisis［J］. *European Business Organization Law Review*, 2010, 11（2）: 195–229.

［71］ Horn L. After Shareholder Value? Corporate Governance Regulation, the Crisis and Organized Labour at the European Level［M］. Neoliberalism in Crisis. Palgrave Macmillan UK, 2012: 45–67.

［72］ Jeffrey Friedman. Bank Pay and the Financial Crisis［N］. WALL ST. J. ONLINE, September 28, 2009.

［73］ Gordon J N. The Rise of Independent Directors in the United States, 1950–2005: of Shareholder Value and Stock Market Prices［J］. *Stanford Law*

Review, 2007: 1465-1568.

[74] Grossman S J, Hart O D. An analysis of the Principal-agent Problem[J]. *Econometrica: Journal of the Econometric Society*, 1983: 7-45.

[75] Martin J S. House of Mouse and Beyond: Assessing the SEC's Efforts to Regulate Executive Compensation [J]. Del. J. Corp. L., 2007, 32: 481.

[76] Jensen M C, Murphy K J, Wruck E G. Remuneration: Where we've been, How We Got to Here, What are the Problems, and How to Fix Them [J]. 2004.

[77] Fried J M, Shilon N. Excess-Pay Clawbacks [J]. *Journal of Corporation Law*, 2011, 36: 722-751.

[78] Coffee Jr J C. Political Economy of Dodd-Frank: Why Financial Reform Tends to be Frustrated and Systemic Risk Perpetuated [J]. Cornell L. Rev., 2011, 97: 1019.

[79] Johnston A. Preventing the Next Financial Crisis? Regulating Bankers' Pay in Europe [J]. *Journal of Law and Society*, 2014, 41 (1): 6-27.

[80] Kaplan S N. Real Story behind Executive Pay: The Myth of Crony Capitalism [J]. *The Foreign Aff.*, 2013, 92: 20.

[81] Kevin J.Murphy. Executive Compensation [J]. *Handbook of Labor Economics*, 1999, Vol.3 Part B, pp. 2485-2563.

[82] Kevin J. Murphy, The Politics of Pay: A Legislative History of Executive Compensation 23 Marshall Research Paper Series Working Paper FBE 01.11, August 24, 2011.

[83] Kromwijk, D.E, M, Oostwouder, W.J.. Do the European and Dutch Rules on Variable Remuneration of Financial Institutions Match and Can Remuneration Be Regulated on a European Level? [J]. *European Company Law* 7

（6），2011，pp. 238–245.

[84] Leo E. Strine, Jr. et al, Loyalty's Core Demand: The Defining Role of Good Faith in Corporation Law [J]. 98 GEO. L. J. 629 (2010).

[85] Lucian A. Bebchuk, Alma Cohen, Holger Spamann, The Wages of Failure: Executive Compensation at Bear Stearns and Lehman 2000–2008 [J]. *Yale Journal on Regulation*, Vol.27, 2010, pp. 257–282.

[86] Lucian A. Bebchuk & Jesse M. Fried, Executive Compensation at Fannie Mae: A Case Study of Perverse Incentives, Nonperformance Pay, and Camouflage, 30 J. Corp. L 807 (2005).

[87] Bebchuk L A, Fried J M. Paying for Long-term Performance [J]. *University of Pennsylvania Law Review*, 2010: 1915–1959.

[88] Maiani S, Mueller L, Noll J. Remuneration and Pay-Performance Relationship Assessment [J]. Available at SSRN 2736422, 2016.

[89] Morrison Forester News Bulletin, Financial Sector Remuneration in the UK and the EU [J]. Morrison, January 24, 2010.

[90] Penikas H. History of Banking Regulation as Developed by the Basel Committee on Banking Supervision in 1974–2014 (Brief Overview) [J]. *Financial Stability Journal of the Bank of Spain*, 2015 (28): 9–48.

[91] Provasi R., Riva P. The European Approach to Regulation of Director's Remuneration [J]. T*he Theory and Practice of Directors' Remuneration: New Challenges and Opportunities*, 2015: 225.

[92] Quaglia L. Financial regulation and supervision in the European Union after the Crisis [J]. *Journal of Economic Policy Reform*, 2013, 16 (1): 17–30.

[93] Riaz Z., Ray S., Ray P. K., Collibration as an Alternative Regulatory Mechanism to Govern the Disclosure of Director and Executive Remuneration in

Australia [J]. *International Journal of Corporate Governance*, 2015, 6 (2-4): 241-274.

[94] Schwartz R E. The Clawback Provision of Sarbanes-Oxley: An Underutilized Incentive to Keep the Corporate House Clean [J]. *The Business Lawyer*, 2008: 1-35.

[95] Sauset J., Waller P., Wolff M. CEO Contract Design Regulation and Risk-Taking [J]. *European Accounting Review*, 2015, 24 (4): 685-725.

[96] Shlomo J B, Eggert W, Nguyen T. Regulation of remuneration policy in the financial sector: Evaluation of recent reforms in Europe [J]. *Qualitative Research in Financial Markets*, 2013, 5 (3): 256-269.

[97] Smith P. T., The Dodd-Frank Clawback Provision's Role in Creating a More Secure Corporate Governance Structure [J]. 2013.

[98] S M. Dodd-Frank: Quack Federal Corporate Governance Round II [J]. *UCLA School of Law*, Law-Econ Research Paper, 2010 (10-12).

[99] S Lazar. Unreasonable Case for a Reasonable Compensation Standard in the Public Company Context: Why is It Unreasonable to Insist on Reasonableness, [J]. Buff. L. Rev., 2011, 59: 937.

[100] Stuart R. Lombardi, Note, Interpreting Dodd-Frank Section 954: A Case For Corporate Discretion In Clawback Policies [J]. 2011 Colum. Bus. L. Rev. 881 (2011).

[101] Wu H. The UK Bank Corporate Governance Framework: A Holistic and Critical Analysis with a Focus upon Bank Risk and Executive Remuneration Governance [J]. 2012.

[102] Zhang J.L., Lo K., Yang S., "Say-on-Pay" Votes and Compensation Practices [J]. 2014.

后记

当博士生涯结束两年后,博士后出站之际,十分幸运地赶上了上金所策划推出的博士后文库项目启动。在焦瑾璞理事长的鼓励与支持下,又将博士期间的成果和后期研究心得重新整理,才有了这本小册子。同时,很荣幸地得到了上金所博士后工作站和清算部同仁的鼎力相助。援手之情,不胜感激。

本书从选题、思路的拓展、框架的制定到文章最终的修改完善都得到了博士期间指导老师周仲飞教授的指点,周老师是我法律金融学的启蒙人,他深厚的学术造诣、坦荡的为人风范以及严谨的治学态度引领着我坚定地在研究道路上扎实前行,在此致以崇高的敬意。

此书写作期间,有幸得到国家留基委支持的公派留学机会,并师从瑞士苏黎世大学的 Prof.Alexander,在其教研室学习工作期间收益良多,特别是对金融监管基础理论的理解和运用有了极大的提高。本书观点的形成也经过了许多上海财经大学法学院老师的指点,感谢郑少华教授、王全兴教授、单飞跃教授、宋晓燕教授、刘水林教授、廖益新教授、马洪教授、葛伟军教授等从不同角度帮我明晰思路,提出修改完善建议。有幸在求学阶段认识了诸多优秀的同窗和前辈,是他们的相伴,这段旅程才显得不那么孤单,一起奋斗的时光将被铭记在心,温暖前程。

这本书于我的特别意义在于,我的两个孩子都"参与"过书稿的写作,阿宝小朋友见证了书稿从写作到最终付梓的过程,而即将见面的妹妹则在肚子里就一直陪着我修改完善此书。感谢小朋友们配合和默默支持。有了家人的支持,才有了更多时间持续跟踪监管机构和学界有关薪酬监管研究的最新动态。

最后感谢金融出版社的编辑黄海清，对本书语言的修订提出了诸多宝贵建议，使得表达更加严谨和准确。

期待通过此书和关注这个话题的读者建立一个沟通的平台，共同推动相关研究的深入。

戴新竹

2018 年 12 月